하동송림

10주년 기념문집/ 2010

다음카페 하동송림

▲ 평사리 소나무　(사진: 김인호)

▼ 섬진강 풍경　(사진: 김인호)

▲ 화개 십리벚꽃길(사진: 김인호)

◀ 지리산 천왕봉
(사진: 조훈)

▼ 무넘이들
(사진: 김인호)

▼ 섬진강
(사진: 김인호)

▶ 재첩잡이
(사진: 김인호)

▲ 섬진교와 송림
(사진: 김인호)

▶ 섬호정
(사진: 김인호)

◀ 뻐꾹나리
　(사진: 김의현)

▼ 태백바람꽃
　(사진: 김의현)

▲ 겨울 소나무
　(사진: 정종훈)

深雪松舞

- 도명 오영희

하얀 산 지키고 선 심설군무의 절개
고해(苦海)를 울리는 번뇌소리 흩날리면
산죽도 날개를 접고
못내 키를 숙였다.

우려낸 산죽차로 송무(松舞)에 공양하리
사바의 중생은 따스한 온기 품어서
백설에 청청한 절개
관음으로 우러렀다.

▲ ▶ 토지문학제
  (사진: 김인호)

◀ 섬호정
  (사진: 김인호)

▲ 고소산성에서 바라본 평사리 동정호(사진: 김인호)

▼ 안개 낀 새벽 섬진강 (사진: 김인호)

다음카페
하동송림
10주년 기념문집 / 2010

하동송림! 섬진강 흘러 5백리길
하동포구 팔십리에 자리한
섬진강변 백사장과 강물지킴이로
3백 수십 년을 서있다.
강바람 모래바람 막아온
어머니 품처럼 솔향기도
품어내 온다.

발간사

섬진강 영원히 맑고 푸르게 흘러라

　마음에 기원을 담아 고향을 노래하는 일을 인터넷 사이트 다음카페에 개설한 것이 어언 10년이란 세월이 흘렀다. 떠나온 고향을 자주 찾아가지 못하는 아쉬움에 향수를 달래는 사랑방으로 꾸미자고 몇몇 향우를 불러 조촐하게 시작한 일이 삶의 여한을 달래고 이야기를 나누며 정담을 꽃피우는 즐거움의 낙원이 되어갔다.
　어느 날, 섬진강을 사랑하여 직장을 하동포구로 옮겨온 젊은 김인호 시인이 방을 청해오는 반가운 소식에 용기를 얻게 되어 기꺼이 스스로 강물 위에서 노를 젓는 사공이 되었다.
　봄이면 찻잎을 따서 차를 만들어 그 향에 취하고 가을이면 악양 평사리의 무넘이 들판에서 소설 「토지」의 문학에 취하고, 단풍드는 10월이면 지리산 벽소령을 오르기 위해 밤열차를 타고 섬진강을 달려가서 새벽 송림 곁에서 재첩국으로 고향의 추억을 찾아내었다.

섬진강변 19번 국도는 젊은 날의 애환이 담긴 길이기도 하여 강물과 함께 긴 획으로 마음에 사리고 있으니 그 곳곳들을 달려보고 풍광을 담아 회원들은 한결같이 다정한 인연이 되었다.

날마다 '섬진강 편지방'에 글향기를 풀어 놓는 김인호 시인님, 백학동의 농부님도 날마다 '텃밭도서관'의 훈훈한 안부를 담아주어 마음은 늘 친정을 드나드는 듯하다. 언제나 오르고 싶은 지리산을 내 몫처럼 올라 '산행 수첩'을 전해주는 조훈님, 삼백여 년 우람한 기상을 지닌 송림을 날마다 가까이서 다독여 솔향의 숨소리를 전해주는 하동의 송철수 기자님, 예향의 숨결 지닌 음률로 생명 넘치는 음악을 울려주는 장선 후배님, 솔바람을 노래하듯 애송시를 읊으며 생동감 넘치는 우정을 엮어내던 자운영, 라일락, 무차시님들이 있어 긴 세월이 외롭지 않았다.

얼굴도 이름도 모르던 낯선 사람들이 끼리끼리 모여 마음을 소통하고 꿈을 펼치게 되면서 개인의 끼를 살려 드디어 시인으로 작가로 등단하는 쾌거를 이루어낸 기쁨을 오늘에야 힘껏 외치며 그 소중한 기록을 남기는 문집을 엮게 됨을 진심으로 자축한다.

아름다운 고향의 영상에 글을 담아, 국내외의 명승 답사를, 문화와 역사를 소중한 커뮤니케이션으로 우리 땅의 민족 정서를 아낌없이 섬진강물에 전하여서 널리 세계로 보내어 곳곳에 스며들게 한 우리의 저력이 흠뻑 담겨있어 보람도 느낀다. 사진작가, 야생화 전문회원, 여러 운영자님들께 깊이 감사드린다.

8월의 기념 축제를 위해 노고를 쏟아준 김의현 시인께 깊은 사랑을 보내며 카페를 아껴주신 하동송림 회원님들께 이 기념문집을 바친다.

2010. 7

카페지기 섬호정 오영희 합장

하동송림

발간사 ·

● 송림출신 등단작가

    오영희   섬진강 소견 ― ▸20
    김의현   밤바다, 그 달빛 彈奏 ― ▸21
    김정선   가야산 연가 ― ▸23
    김연주   지리산 연가 ― ▸24
    박남식   내 몫은 ― ▸26
    엄윤남   一枝華 ― ▸28
    김창현   감나무처럼 나도 ― ▸29
    신경숙   세공하는 남자 ― ▸32

● 카페 운영자편

    오영희   노고단 오름길·1 외 4편 ― ▸36
    김인호   어머니의 자궁, 강여울 외 1편 ― ▸41
    김의현   얼음새꽃이 전하는 말 외 1편 ― ▸44
    장 선   마산 앞바다 외 1편 ― ▸47
    송철수   쌍계사 길목 물레방아 ― ▸50
    정용국   마현(馬峴)에서 온 편지 외 1편 ― ▸52

서재환	원두막에 세우는 꿈 외 1편	▸ 56
조 훈	반야봉에 올라 외 1편	▸ 63
김초순	북한산 단풍 외 1편	▸ 70
정종훈	금강소나무 숲 외 1편	▸ 72
김창현	눈이 내리면 외 1편	▸ 76
서석조	매화를 노래함·4 외 1편	▸ 83
오해봉	국수 외 1편	▸ 85
최오균	섬진강변으로 이사하다 외 1편	▸ 92
이갑완	평사리를 보았네 외 2편	▸ 100
김경자	그리움도 미움도 외 1편	▸ 106
정재복	날 개	▸ 109

● 송림작가편 ●

나종영	섬달천 외 1편	▸ 112
손채은	아나키스트	▸ 116
김도수	연동마을 어머니 외 1편	▸ 118
최영욱	섬진강 블루스 외 1편	▸ 128
김필곤	지리산 죽로차 노래 외 1편	▸ 132

김은림	구름 외 1편 —	▸135
우희정	한여름밤의 편지 —	▸138
성윤자	서죽골 설화 외 1편 —	▸142
정영선	섬진강 연가 외 1편 —	▸145
故 박정둘	매화 외 1편 —	▸147
김정선	탄생석 보석 이야기 —	▸149
유영애	백목련 필 무렵 —	▸152
이희정	지리산 화개에서 외 1편 —	▸153
배성근	바람의 언덕 —	▸156
김남호	끝이 휘어진 기억 —	▸158
이도윤	사인펜 —	▸160
김은희	쉼표 하나 —	▸161
신필영	하동(河東) 생각 —	▸162
김용규	오도재에서 —	▸163
이처기	이른 봄, 산수유 외 1편 —	▸164
이하영	연어의 꿈 —	▸166
강희창	수퇘지 —	▸167

● 카페 가족회원

강이훈　삼밭골 아리랑 외 1편 ― ▸170
고재두　매화산 청량사 외 1편 ― ▸174
김영신　달빛어린 타지마할 ― ▸179
유영렬　돌집 앞에서 ― ▸184
전경홍　말 한마디 외 1편 ― ▸186
정연기　가슴 아프게 이별한 스틱에게 고함! ― ▸193
배진권　그대에게 ― ▸195
여태영　악양고을의 기억 ― ▸201
박태영　덕불고필유인(德不孤必有隣) ― ▸204
소피아　첫 손녀를 기다리며 ― ▸207
문병권　10월의 기도 ― ▸212

송림출신
등단작가

시조

섬진강 소견

오영희

산매화 피는 소식에 열 굽이 돌아온 강물
벽소령 넘다 숨 고르는 흰 구름을 불러선
산철쭉 붉게 피면 만나자
소리치며 흐른다.

강변에 죽 늘어선 벚나무가지 틈새로
물비늘 반짝이며 뒤채이던 햇살도
평사리 기웃거리다가
봄빛 따라 달아난다.

바람은 돛을 달아 매화 향을 실어가고
작설차 다담(茶談) 나누며 섬진강은 깊어간다
오랜 삶 연륜이 감겨
수척해진 그 물빛.

시 조

밤바다, 그 달빛 彈奏

김의현

바다 위에 내려앉는 서늘한 초승달빛
교교한 그 눈길을 감당하지 못하고
바다는 자꾸 몸을 뒤척여
흰 파도로 출렁인다.

내 안의 또 다른 나를 깨워 일으키듯
심장에서 뿜어내는 검붉은 혈맥의 소리를
바다는 만나고 싶었다.
쓰러지고 싶었다.

오래도록 고개 숙인 채 긴 한숨 토해내며
아득히 먼 세상의 그리운 이라도 기다리는가
적멸의 달빛 탄주를 꿈결처럼 듣는가.

무심히 내리는 달빛과 뒤척이는 밤바다가
그쯤에서 마주보며 자기 자리를 지켜내는
오히려 그 아름다운 관계가
공명처럼 울린다.

시조

가야산 연가

김정선

신비스런 잣나무숲 은빛 햇살 사이로
그대 콧노래소리 자분자분 밟아 가면
어느새 나는 사라지고 그대 환한 해 웃음.

사랑꽃 만발하여 눈이 부신 가야산
은빛 머리 날리며 우리 무슨 말이 필요하랴
하늘도 흰 구름 띄워 행복해 하는 이 한때.

시조

지리산 연가

김연주

이른 아침 창을 열면 아스라히 보인다
하얗게 눈 내린 천왕봉 그 언저리
상고대 바라보면서
고즈넉이 살고 싶다.

옅은 어둠 달려서 계곡 물소리 깨우면
뽀얀 입김 내뿜으며 숲은 기지개 켜고
짝짝이 엄마 젖무덤 같은
골짜기가 반겨준다.

운무와 능선 한기가 병풍처럼 둘러쳐진
산길 지나 너덜길 끝 암자 같은 대피소
이보다 아름다울 순 없으리
어느 누구 별장도.

내려서면 그립고 돌아서면 더 그리운 산
오른 만큼 내려서는 암담함에 한기 느낄 때
일몰은 핏빛 온기로
가슴 속에 퍼진다.
이른 저녁 굴뚝에서 하얀 연기 펴오르면
장작 타는 부뚜막에 주저앉아 울리라
살아온 통한의 시간들
매운 눈물로 지우리라.

시 조

내 몫은

박남식

나 죽거든
나 죽거든
누구든 내게 와서

쓸만한 것은 모두 다 가져가오

그리고 찌꺼기 남거든
양지녘에 묻어주오

한 생각 그 또한 버리지 못한 욕심이라
인적 드문 숲속에 아낌없이 뿌려주오
키 작은 나무등걸에 거름으로 뿌려주오

갈망의 덩어리 한 점도 남기지 말길!

귀밑머리 희끗해지니 생각이 달라졌소
수정해, 그냥 맘대로 해줘
'내 몫은 아무것도 없구나!'

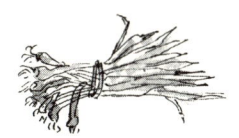

시 조

一枝華

엄윤남

입 좁은 토병에 고향을 초벌구이한다
잘생기지도 넘치지도 않은 일지화를 그리고
마음에 길고 짧은 곁가지
일획으로 친다.

선 따라 매달려 있는 까치밥 몇 송이
壙型으로 꽂고 마무리한 소국이
어느새 방안 가득히
환타지 세계를 연다.

말하지 않아도 느낄 수 있는 그대와
마주한 눈빛으로 가을 차 한 잔 할 적
오롯이 삶의 향기 피우는
토병 속의 일지화.

수필

감나무처럼 나도

김창현

지내놓고 보면 인생은 아름다운 꿈이었다. 피었다가 소리 없이 지는 봄밤의 배꽃이 떨어지는 풍경과 같은지라, 애수와 그리움을 싣고 달빛 아래로 스쳐간 그림자였어라.

애태우고 가버린 첫사랑의 소녀도 있었고 철학에 심취하던 대학 시절도 한철, 어렵게 취직한 자리를 걷어찬 일이며, 펜을 꺾게 한 신문기자 생활도 그런대로 치부할 수 있을 것 같다.

이문동 전세방에서 젊디젊은 아내를 고생시키던 일이며, 아픈 딸애의 병원비 걱정으로 초라한 호주머니만 만지던 때도 기억난다.

출세한 친구의 오만에 상기하던 시절, 진급은 연기되고 또 떨어져 나가는 친구가 많아 쓸쓸하던 때도 기억난다.

대략 이런 저런 사연과 함께 나의 세월의 강물은 흘러가는 듯했다. 그러는 사이에 내 젊음은 지나갔고, 인생의 희로애락도 내 깊은 데서 영글어 가는 양하다.

이젠 나도 인간다운 폭넓은 체험을 지닌 중년으로 지금 변해 가고 있고, 그래서 더러는 안심되는 때도 있었다.

소설로 따져 웅대한 스펙터클은 없었고, 감동할 만한 사연도 별로 없는 것 같다. 그러나 좀은 다정하고, 좀은 겸손과 분수도 터득한 것이리라 스스로 믿었다. 특별한 종교나 신(神)도 없이 황량한 모랫길을 멀리 건너온 것이라 생각해 보려 한다. 한 가지도 성공해 본 적 없어 오히려 어중이로 살아온 일마저 지금은 대견하다 여기려 든다.

내겐 남보다 뛰어난 구석이 하나도 없다. 살기가 어디 그리 쉬웠던가?

아무튼 나는 기특하게도 그럭저럭 살아냈다. 돈도 별로 없고, 친구도 별로 많지 않고 자식도 아들, 딸 둘뿐이다. 집안에서 난초를 키워 봤지만 꽃을 잘 피운 적은 없다. 한강에서 낚시도 했지만 준치 한 마리 낚아 올린 적도 없다.

한때 글도 써 봤지만 아직은 작가가 아니다. 산을 타 봤지만 항상 뒤처지기만 했다. 노래방에서 한 곡조 부르지만 칭찬하는 사람은 없는 것 같다.

불경을 제법 읽었지만 절로 나서지는 않았다. 작은 회사의 임원 노릇도 했건만, 일찌감치 끝이 나고 말았다.

　손바닥만 집 마당에 두어 포기 상추를 심어 먹는 것이 유일한 취미여서 그저 덤덤히 살아가는 서민일 뿐이다.

　진주, 내 고향집에는 평범한 감나무 하나가 있다. 거창하지도 않고 감이 특별한 것도 아니다. 평범 그대로의 나무였다. 그러나 해마다 하얀 감꽃은 피웠다. 태풍이 지나가면 윙윙 소리를 내며 가지가 마구 흔들렸다. 가을엔 홍시도 익고, 낙엽도 붉게 들어 나는 타향살이를 내내 하면서 얼마나 그 감나무를 그리워했는지 모른다.

　그 감나무처럼 나도 그렇게 살고 싶다. 아무 구석도 특별한 데도 없으면 어떠랴. 정다운 사람 몇이 그리워해주기만 해도 되지 않겠는가. 인생을 어떤 부피로 따져 평가할 필요는 없다. 모든 생명이 죽어서 흙으로 돌아가는 것을 생각하면 솔직히 나도 소유에서조차 철저히 자유로워지고 싶다. 스님들은 가진 것을 줄이는 연습도 한다는데, 고향의 감나무처럼 나도 말년에 달콤한 홍시나 몇 개 달고 싶을 뿐이다.

　크나큰 칭찬도 필요 없고 명예도 소용없다. '유한한 인생이 무한한 욕망을 따라가는 것이야 말로 위태롭다'고 노자는 말했다지 않는가.

　나는 스스로 유한한 인생임을 깨닫고 있다. 그래서 그냥 못생긴 고향의 그 감나무 같기를 다만 바랄 뿐이다.

시

세공하는 남자

신경숙

그는 말이 없다
어려서 잘못 먹은 보약이 독이 되어
그의 귀와 말문을 막아 버렸다
말 못하고 못 배워 가난한 그가
세공기술 배운 것이 그만 천직이 되어 버렸다
취미라곤 술 마시는 것이 전부인 탓에
배만 풍선처럼 부풀었다
눈치가 빨라 포커도 치고 티브이도 본다

약간 어둔 여자 만나 결혼도 했었지만 얼마 못가 헤어지고
헤어진 이유를 말할 때는 눈꼬리가 약간 올라간다.
휘둥그레진 눈으로 여자가 너무 모자랐다고 했다
고집 센 만큼 거짓이 없으므로 눈빛은 사파이어처럼 맑다
잡념없는 사유가 손끝으로만 모여

반지며 귀걸이를 마술처럼 만들어낸다
가끔 그가 고집을 부리긴 해도 나는 그가 좋다
꾸부정한 어깨며 안 들려도 들리는 것처럼 오버하는 몸짓이며
세상의 상처로 흔들릴 때마다 그를 보면 부끄러워진다

어찌 보면 그는 히딩크를 닮았다
히딩크라 불러주면 덩치에 맞지 않게 수줍어한다
오늘도 꾸부정한 그림자를 안고 적막 속에서
그가 세공을 한다

카페 운영자편

연작시조

노고단 오름길 · 1
- 흔적 -

오영희

산 속 바위틈에 함초롬이 핀 산오이풀꽃
산꾼을 불러
숨죽여 하던 옛말 전하네
한 이름 목 놓아 부르다
숨겨간 풀꽃이라고.

그 언제,
빨찌산이 된 소녀의 슬픈 여름날
흰구름 속에 찾아온 어머니를 부르고 숨진
그 혼의
못다한 흔적
풀꽃으로 앉았다

노고단 오름길 · 2
- 이질풀꽃 -

흙길로 다시 변한 성삼재서 노고단 길 섶
돌팍에 나앉아 할매 생각 떠올리네
꽃 한 줌
입에 물고서
물갈이 배탈 막으라던….

노고단 오름길 · 3
- 나무계단길 -

지리산 한 맺힌 흙 숨막혀 울부짖는다
밤낮없이 자근자근 등을 밟던 발자국들
정겨운 소리 사라지고
햇빛마저 가로막다니…

등짐 진 중생들 속죄 땀 씻으란다
구름에 푸념 풀고 바람에 번뇌 날려
화엄사 돌팍길 세시간
경전 외며 숨돌렸다.

이 무슨 환장할 아첨스런 길이더냐
계단없어 노고단을 못 오른 이 있었던가
휠체어 태극기를 꽂고
자랑스레 오르던 길.

노고단 오름길 · 4
- 지리약수(水) -

백두대간 물줄기에
영산(靈山)의 기(氣)를 담아
지리약수 맑은물 화엄사로 흘려내린다
무냉기*
정 깊은 옛 어원
마르지 않는 신비수.

*백두대간을 넘어 화엄사로 물길을 낸 무냉기-물을 넘긴다는 뜻의 옛말

노고단 오름길 · 5
- 원추리

노고단 원추리꽃은 황금빛 궁전이다
흰 구름 검은 구름 산꾼마저 꽃무리로
노란빛 환한 춤사위
예기(藝技) 되어 도(道)를 텄네

흰 구름 꽃피우면 화엄 세상에 나 서있고
검은 구름 소낙비엔 속진 번뇌 씻어내고
원추리 육도중생을
빛으로 휘감는다.

달바라기 원추리가 노고단을 장엄한다
외로운 산중 고혼 천도하는 화신이요
등짐 진 억겁중생은
속죄산행 줄을 잇네.

시

어머니의 자궁, 강여울 외 1편

김인호

강의 생명력은 여울과 소와 모래톱에 있다.
여울은 끊임없이 산소를 공급하여 강물에 생명력을 부여하고
모래와 자갈은 강물의 부유물을 제거해준다.
맑은 여울은 어머니의 자궁과 같은 곳으로 물고기들의 산란장이다.

수심을 높이는 4대강살리기 사업으로 여울과 모래톱들이 사
라진다.
肝을 살리자고 肺를 떼어 내버리자는 말이나 다름없다.
여울이 사라지면 여울에 발 담그고 먹이를 얻던
백로, 해오라기도 떠나야 한다.
여울과 모래톱이 사라지고 물고기가 산란을 멈추고
백로 해오라기가 떠나간 강

다들 사라지고 떠난 강가에서 우리만,
우리끼리만 행복해질 수 있을까?

至極한 사랑
   - 어머니의 손톱을 깎다가

따뜻한 날 다 보내고서야 생각하네
그저 받는 것이라 여겼던
지극한 사랑이라는 말

나 언제 진정 그 지극한 사랑의
보타진 마음자리에 가 닿을 수 있을까

바람 차고 시린 날들이 와서야 생각하네
한 번도 이르러 보지 못한 지극한 사랑이라는 말

나 언제 진정 그 지극한 사랑의
뽑혀버린 손톱의 아픔을 느낄 수 있을까

시작메모

참 좋은 세상이다.
너는 참 좋겠다.

자다 깨어나 어머니는 중얼거립니다.
무어라고요.
되물으면 아니다 돌아눕습니다.
어머니의 맘 아랑곳없이
나는 그저 아침에 일어날 일만 걱정입니다.
발톱을 깎고 있는 곁으로 슬몃 다가와 어머니 손을 내밉니다.
깎을 손톱도 없는 어머니의 손톱을 깎다보면 눈시울이 붉어집니다.
어머니의 사랑, 그 지극정성의 마음자리에
나 언제 한번 가 닿을 날 있을는지.

산 문

얼음새꽃이 전하는 말 외 1편

김의현

　갈수록 조촐해지고 적막해지는 명절 연휴의 마지막 날, 동해 어딘가에 피어있다는 복수초 사진을 찍으러 가기로 했다. 복수초는 '이른 봄에 꽃을 피워 사람들에게 기쁨과 복을 준다'고 해서 붙여진 이름이며, 눈 속에서도 피어난다고 해서 '얼음새꽃'이라고도 한다.
　마침 동해안 지방의 대설주의보를 알리는 일기예보에 눈 속을 꽃을 볼 수 있으리라는 기대감으로 카메라를 챙겨 길을 나섰는데 이천과 여주를 지나자 눈발이 거세졌다. 눈 내리는 길을 조심스레 운전하면서도 올해 들어 처음 피어난 햇꽃 만나러 가는 설레는 마음을 감출 수가 없었다.
　그러나 눈 속을 꽃을 그리던 내 마음과는 상관없이 꽃 앞에

섰을 때는 이미 눈이 그쳐버렸다. 하지만 다행히도 꽃은 피어있었다. 비록 눈 속의 얼음새꽃은 아니지만 추위도 잊은 채 나를 이 멀고도 먼 동해까지 불러내 준 꽃을 내려다보며 따뜻한 기쁨을 누렸다. 이 작은 꽃을 보자고 그 먼 길을 나섰냐고 물을 것이다. 하지만 사람 사는 일이란 겨울처럼 춥고 고단한 일이 봄처럼 따뜻하고 평안할 때보다 더 많은 법이다.

  노상 분주하고 바쁜 일상, 그 틈바구니에서도 행복은 작은 씨앗을 숨겨 싹을 마련하고 줄기를 밀어올려 꽃을 피운다. 그처럼 작지만 향기로운 꽃들이 여기저기 피어나는데도 곰곰이 헤아려보지 않으면 그 꽃은 보이지 않는다. 어쩌면 그것은 행복해질 준비를 미처 하지 않고 있어서인지도 모른다.

  나는 그것을 이렇게 멀리 떠나와 혹한의 추위 속에 피어난 작디작은 복수초 앞에 엎드려서야 다시 떠올린다. 이 작은 꽃이 겨울바람 속에서 내게 보내는 은밀한 메시지는 각박한 사람살이에서도 행복의 싹을 마련하라는 것이다. 크고 작은 모든 일에 행복해질 준비를 하며 온 마음을 기울이라는 것이다.

시 조

꽃집 남자

꽃 심는 남자의 손가락 두 개 비이 이설프다

화분 가득 빈자리 없이 꾹꾹 눌러 흙 담으며 젊어 공장일 하다가 이리 됐지요 장갑을 끼면 감춰지지만 일하는데 걸리적거려요 열 손가락 다 있는 얼띠기들이 심어주는 것보다 더 잘 클테니 걱정은 붙들어 매세요 이래뵈도 사람 좋다는 소리 듣고 산다니까요 억울하고 답답해 속이 꺼멓게 타도 삿대질 할 손가락이 없으니 그런게지요 잘 난 놈도 못난 놈도 손가락 죄다 꼽아봐야 열밖에 더 세나요 나는 여덟까지만 꼽으면 저절로 열이 돼요 종주먹 쥐고 힘쓰며 사는 거냐 내나 남이나 같을테니 세상일은 다 생각하기 나름이지요

혼잣말, 묻지도 않은 말을 한참이나 하는 것이었다.

시

마산 앞바다 외 1편

장 선

히히 미쳐버린 가시내.
감포 삼백리 칭얼거리며 질질 따라와,
사흘 밤낮을 지랄한다는 황선하 시인의
파도도 없다 잔잔한 호수 같은 숨결
쪽빛 바다는 하늘을 사랑 하는갑드라

햇살을 받아 금빛으로 수놓다가
석양엔 사루비아 꽃을 꽂은 듯
마산 앞바다는 신(神)의 물감 공장인갑드라

질퍽 질퍽 내리는 비
싸그락 싸그락 하얗게 내리는 눈
다 보듬어 안고도 한마디 말도 없다,
노을이 지면 얼음장 마냥 싸늘한 밤하늘
떨어지는 별똥별 보고 울고 있는갑드라

산 문

카타르시스

    화요일이면 우리 학교는 종교 강좌가 있다.
    지난주에는 황수관 박사가 코미디보다 더 웃겨서 배를 잡고 웃다가 울고 했는데 그분 고생해서 성공한 것은 드라마틱하고 온 세상 사람이 다 아는 성공담이지만 그 사례하고는 비교도 안 될 강사분을 오늘 얘기하고자 한다.
    황재환, 지금 대구 광명학교 교감으로 재직 하는데 4살 때 부모님이 빨갱이라고 남한 사람에게 맞아 죽고 쓰레기통을 뒤져서 살아가다 7살 때 수류탄을 장난감인 줄 알고 가지고 놀다가 두 눈과 오른쪽 팔을 잃고서 오늘이 있기까지의 이야기를 잔잔하게 들려주었다.
    미국이니 독일이나 일본이나 전세계에서도 장님이 학생을 가르치지 않지만 자기는 학생을 가르친다고 교육부 장관에게서 음악 교사 자격증과 특수 교육 자격증을 받았고 이 모든 것을 하나님의 뜻으로 돌렸다.

정말 한손을 피아노를 치면 얼마나 칠 것인가. 생각했지만 찬송하면서 반주를 하는데 이럴 수가, 두 손으로 치는 것보다 더 잘 치는 게 아닌가. 거기다가 플루트를 얼마나 잘 부는지….

눈물이 솟구쳐 어찌할 줄을 몰랐다. 옆에 있던 남강님도 "우리는 지금껏 뭐 했을까" 하면서 울었고 다른 사람들도 마찬가지로 울었다.

보이지 않는 눈으로 손가락을 더듬어서 오늘의 피아노를 치기까지의 그 피나는 노력은 상상을 초월한 인고의 결실이 아니고 무엇이겠는가.

사람은 생각이 바뀌면 습관이 바뀌고 그리고 무엇이던지 할 수 있다는 말은 정말 가슴 깊이 새겨야할 진리였다. 두 눈과 오른팔이 없어도 해내는 그를 보면서 사지가 멀쩡한 우리가 할 수 없다는 건 엄살이라는 생각도 들었다.

인간의 능력은 무한한 것임을 입증해주었다. 건강하면 큰 축복이고 장애자 나도 할 수 있는데 여러분은 무엇이던지 다 할 수 있다는 말에 깊은 감명을 받았고 한 편의 명화를 보는 것보디 더한 카타르시스를 느꼈다.

산문

쌍계사 길목 물레방아

송철수

    경남 하동군 화개면 운수리에 있는 천년고찰 쌍계사 가는 길목에 한 민박집 주인이 설치한 물레방아가 쌍계사를 향하는 탐방객의 발길을 멈추게 한다.
    2008년 1월 26일 토요일 오전 주말 나들이객이 한산한 가운데 쌍계사 가는 길목에서 한주 동안 계속된 혹한으로 꽁꽁 얼어버린 물레방아가 시선을 끌어당기고 있다.
    "물레야 돌아라"라고 크게 외쳐 보건만 수정같이 맑은 자태로 꽁꽁 얼어버린 물레방아는 여전히 끄떡도 하지 않은 채 고집을 부리며 따스한 햇볕에 조금만 녹여 수정고드름을 만들어 오는 이 가는 이에게 아름다운 자태를 뽐내려는지 제 자리를 고수하고 있다.
    겨울이면 고향 시골 초가지붕 처마 밑에 주렁주렁 매달려 있던 고드름은 지금 시대엔 보기 드문 광경이다. 특히 남녘의 따사함으로 한파를 모르고 사는 하동사람들에게는 더욱더 보기 드문 수정 고드름을 볼 때 어린 시절이 생각난다. 고드름 따다가 아이스케키 대신으로 마구 먹다보면 배앓이가 생기던 동심의 그때다. 또 국민가수 나훈아의 한서린 기자회견을 생각해 보며 '물레방아 도는데'라는 노래를 듣고 싶어 녹음기의 플레이어를 눌러도 테이프는 돌지 않는 것이 물레방아가 멈춘 탓일까.

 물레방아에 매달려 수직으로 내려오는 고드름과 대칭을 이루며 물레방아가 튀어 낸 물로 늘 함께하는 화단에서 하늘을 향해 솟아오른 역고드름이 수정처럼 영롱하다. 때론 맑고 깨끗한 백옥처럼, 화단 담을 오르는 잎사귀를 둥글게 말아버린 새눈과 같이 또렷한 고드름은 진주알에 견주어도 손색이 없을 것 같다.

 꽁꽁 얼어붙어 돌지 않는 물레방아를 마주하고 길건너에서 지켜보던 치자들이 붉고 노오란 자태를 뽐으며 "물레야 돌자"라고 속삭여도 "세월아 가거라…. 봄이 오면 돌고 돌리라"며 태평세월로 편안한 세상살이를 보낸다.

 무자년 새해 쌍계사 가는 길목의 꽁꽁 언 물레방아와 맑고 투명한 고드름과 나뭇잎과 함께 영글어 진주 같은 역고드름이 이곳을 찾는 사람으로 하여금 발길을 멈추게 한다. 물레방아와 고드름, 어지간한 날씨에도 얼지 않는 하동에서는 보기 드문 관광명소가 될 수 있을 것이다.

시조

마현(馬峴)에서 온 편지 외 1편

정용국

마음 버캐 긁어내고
바람 한 줌 모셨네

버리고 기다려야
쟁쟁히 피어나는

소금밭
하늘의 역사(役事)에
얼룩도 묻어 두고.

여유당(與猶堂)* 겨울 뜰을
서성이던 잔기침 소리

서울 가는 강물에
태산을 실어 보내고

생인손
부둥켜안은 채
겨울밤을 지샌다.

*경기도 남양주시 마현에 있는 茶山의 생가.

산성중수기(山城重修記)

남한산성 단풍에는 피멍이 얼비친다
들끓어 넘치던 말들 속으로 번져 가면

삼학사(三學士)
밭은기침에도
수막새는 놀라고

터널공사 결사반대
찢어진 현수막도
여름 볕을 견디느라
먹 단풍이 들었네

성(城) 그늘, 쇠한 물봉선
눈물 가득 고여 있다

서리보다 시리게 암문(暗門)을 숨어드는
엇박자 서울소식에 이골이 난 산성이

금이 간
늑골(肋骨)을 안고
가을을 앓고 있다.

산 문

원두막에 세우는 꿈 외 1편

서재환

  말빚이 참 크기는 큰 건 갑다. 가끔씩 술좌석에 앙그면 목수일 허시는 성님들보고 원두막이나 하나 맹글아 주이다 허고 부탁을 했던 거시 짐이 됐던지 해를 안 넹기고 맹글아 조 뿔자는 생각이 들었던지 뚱금없이 시안 대목에 두 성님이 들이 닥치서 일을 시작허것다고 허는디…. 일이 꼬일라고 그랬던지 나는 그 당시에 똥구녕 옆에 공곳이 생기서 찢어 갖고 하리 밤 빙원 신세를 지고 막 나와서 꼼짝 딸싹도 못 허고 자빠졌는 판에 이라고 달리 옹깨 반가붐서도 미안코 글더랑깨….
  근다고 사정이 근디 어쩌꺼여? 이녘들이 알아서 헐랑깨 꼼짝 허지 말고 자빠졌으람서 고방에 재 논 통낭구들을 메 내다가 재고 짱글고 맞추고 일을 허는디, 새파란 쥔놈은 자빠져 있쓸랑깨 보통 신경이 쓰이는 거시 아니더마 이~!

의사선상님이 덧나먼 고상 허껑깨 꼼짝 딸싹도 허지마라고 신신당부를 험서 내 보내 주기는 했제마는 일을 눈구녕으로 채리 봄서 어찌 기냥 자빠져 있쓰꺼여? 첨에는 이우제 있는 트랙터를 불러서 거들아 주라고 헐라 했었는디, 지새가 안 될라먼 명태가 방구를 뀐다고 그 집도 바쁜 일이 생기서 못 거들아 주것다는그마.

난중에 공곳이 덧나서 다시 째는 수가 생기더라도 어줍짧허니 해 갖고 보돕시 지둥 세우는 거는 거들았는디, 지둥만 세워 놓코 들어 와서 제대로 안 채리 봤더마는 쪼까니 어긋진 거시 생기서 다시 손 볼 일을 맹글어 놨더랑깨.

그래도 대충 틀은 잡아 놓코 가서 인자 남은 일은 나 혼차 또닥기리도 되것다 시퍼서 보내고 설을 쐈는디, 성님들이 첨에 너무 너르개 짜는 바람에 돌리서 세우다 봉깨 방향이 안 맞아서 지붕이 남향으로 된 거시 암만 봐도 신경이 쓰이그마. 결국은 서향인 마당 쪽으로 지둥을 짱그라 낮추고 다시 지붕을 맹글고 했는디, 이 때까지도 나는 거동이 안 편해서 억지 일을 험서 설 쇠로 온 동상들이랑 아그들을 잘 부리 묵었그마.

지둥을 세우고 지붕을 맹글고 허는 일들은 혼차서 허기 옹색헝깨 사람을 불러서 허고 누가 오는 날을 맞차서 했는디, 말리 바닥이랑 까는 일이나 사다리 맹글고 허는 일들은 깐닥깐닥 나

손으로 해 내야제. 근디 이런 일들도 수월헌 거는 아니더랑깨.. 큰 집을 맹그나 작은 집을 맹그나 손 갈 디는 다 가야 허고 연장 있쓸 거는 다 있어야 헝깨 솔찮허니 시간이 많이 걸리그마.

이걸 맹그라 세워 놓깨 여그는 아그들이 많이 와서 올라 댕기껀디, 너무 높으게 맹궁 거 아니냐는 분들이 많터랑깨.. 근디 나가 에렸쓸 직에부텀 넘우집 원두막서 맘 놓코 자 보는 거시 폰이 된 거시 거진 반백년이나 지내서 맹글고 봉깨 기분이 니무 좋은디, 높은 거시사 난중에 밑을 짱그라 낮추먼 되제마는 낮은 걸 올리기는 쉬분 일이 아닝깨 암튼 높직허니 세워 놨그마.

제대로 이런 걸 맹글아 본 선수들이 없어 농깨 지붕도 민밋허니 맹글아서 원두막이라는 기분 보다는 누 말 문자로 인민군들 초소 맹키로 되 뻬렀는디, 지붕 따까리사 난중에라도 제대로 된 선상님이 거들아 주먼 다시 맞차서 잘 맹글먼 되는 거고 이리라도 맹글아 낸 거시 중헌거제 이~!

시방도 절에 있는 매화낭구에 매화꽃이 만발해 갖고 존 내를 핑기 중깨 올라 앉것쓰먼 기분이 삼삼헌디, 날은 쌀쌀해서 아직 낮잠자기는 이르더마. 아직은 날이 차바서 제대로 기분이 안 나도 높은디 올라 앉거서 멀찍허니 내리다 봉깨 참말로 좋아뿌네.

농부네 텃밭도서관

 연초에 인근 중학교서 선생님들이 오시 갖고 아그들 체험학습을 해 볼 수 있것냐 해서 시방까지 해 본 적은 없제마는 언제가는 해야헐 일이고 해서 한본 해 보자 했었는디, 막상 수업을 허개 됭깨 제대로 아그들이 재미나개 따라와 주까 시퍼서 걱정이 되는그마.
 오전 10시에 60명이나 되는 전교생 아그들이랑 교장선생님 이하 전체 선상님들도 참관허로 오시고 야외수업이라고 학부형들까지 80명이 넘는 사람들이 몰리 등깨 학년별로 좀 갈라 갖고 왔쓰먼 시푸기는 허던디, 학교 입장도 시간이 그리 널널헌 거는 아닝깨 형편에 맞차서 해야제.
 두 시간짜리 선상님도 선상님잉깨 제대로 하나라도 더 갤차 봐야것다는 맘도 들고 참말로 평생에 원이던 선생 지서리를 이리라도 해 봉깨 안 해 본 거 보다는 낫더마.. 오늘 주제는 야생초에 관한 것들을 배우는 현장학습인디, 자리에 앙거서 진소리

짜른소리 해 봤짜 뭐시 뭔지 모릉깨 하나를 보더라도 나 눈구녕으로 봐야 감이 잽히것제.

백문이 불여일견이라 안 허던갑네~! 텃밭도서관을 구석구석 댕김서 제멋대로 커 가는 잡초들 중에서 우리가 묵을 수 있는 풀을 골라내는 일이 간단허고 벨 거 아닌 걸로 배기것제마는 우리가 묵는 거 하나라도 넘 보다 더 알개되면 숭년이 들어도 배지 따땃허니 진딜 수 있는 재산이 되는 겅깨 잘 배우면 좋컷제마는 아직 배 곯는 것이 뭔지 잘 모르는 아그들이라 기냥 들바람 쐬는 거시 좋아서 풀어 논 망아지 맹키로 신이 났더랑깨..

텃밭을 한 바꾸 돔서 뜯어 온 야생초를 많은 아그들이 다 보도 못 허고 한본 봤다고 대그빡에 쏙쏙 들어 오는 것도 아닝깨 즉석에서 식물표본을 맹그라 전시를 헝깨 선상님들이랑 따라 온 학부형들까지 항꾸내 허는 공부가 되더마.

민들레, 질경이, 명아주, 까마중, 개망초, 더덕순, 모시대순, 초롱꽃, 제비꽃, 참비름, 개비름, 쇠비름, 배초향, 고마리, 자리공, 우슬, 메꽃, 돌나물, 녹차순, 감나무순, 뽕순, 미나리 등등등…. 뜯어다가 셈서 이름페를 달아 봉깨 텃밭 자체가 구석구석 살아있는 보물창고더랑깨…. 이 정도면 흥부가 제비헌티 얻었다는 화초장이 안 붑제 이~!

대충 갤차 준 야생초를 표본이랑 비교해 감서 묵을 수 있을 만큼 보드란 걸 뜯는 요령까지 배왔씅깨 다섯가지 이상 이름을 외우고 뜯어 오라고 풀어 논 시간인디, 이그들이 촌에 삼서도 이런 걸 너무 몰라서 많이 아쉽다는 생각이 들더마. 그 통에도 앵두낭구에 붙어 있는 놈들도 있고 전통놀이에 빠져 있는 아그들도 있는디, 뭐든지 하나라도 더 배우먼 되는 겅깨 그리 애터줄 것도 아 즈그들이 직접 뜯어다 모툰 너물들이 씱아지고 맹그라 지는 과정도 배우고 직접 즈그들 손으로 뜯어다 맹근 너물들을 묵어 보고 맛까지 알아 보는 거시 오늘 수업의 마지막 체험 순서인디. 촌놈이 대충 뭔 수업이라고 두어 시간 아그들을 끌고 댕기기는 했제마는 아그들도 당장 아쉬분 거시 아닝깨 언능 대그빡에 백히지는 않컷제마는 인자 시골질을 댕기다가 이 참에 배운 풀이 눈에 배기서 하나라도 이름을 알고 허먼 상구 반가바질 놈들도 있기는 허것제 이~!

　암튼 엉겁질에 첨 해 본 체험학습이고 진행에 차질이 있어서 나물 삶은 물로 세수도 허고 머리도 깜음서 몸뗑이로 직접 야생초의 효과를 체험해 보는 과정을 못 해서 쬐끔 아쉽기는 했제마는 그리 재미없는 체험은 아니었당깨. 다음 두 차례 더 예정된 전통놀이체험이랑 전통요리체험은 더 준비를 잘 해 갖고 실속있게 꾸리야것그만요.

　인자 이걸로 농부네 텃밭도서관에 고정 프로그램 하나는 맹그라 져서 언제 누가 와도 재미난 체험행사를 헐 수 있개 됐쓩깨 시골에 와서 야생초체험을 풀코쓰로 허고 자분 사람들은 너무 많이 말고 속닥허니 모타 갖고 미리 기벨허고 댕기 가시도 된당깨요. 이상으로 농부네 텃밭도서관 야생초 체험학습 공개수업을 대충 마치것습니다요~! ^^

산문

반야봉에 올라 외 1편

조 훈

　서부 지리산의 최고봉 1,732미터의 반야봉!
　천왕봉에서 보든지 노고단에서 보든지 꼭 어여쁜 여인의 방댕이같다.
　성삼재에서 노고단은 시멘트와 돌길로 재미없지만, 노고단의 시원한 바람과 반야봉을 건너다보는 그 전망은 어디에 내놓아도 손색이 없다.
　초록빛 숲길로 돼지령을 걷노라면 어디선가 맷돼지가 튀어나올 것 같지만, 누가 돼지를 보았다는 전설을 아직까지는 들어보지 못했다.
　작년에는 이렇게 숲이 우거지지 않았는데, 1년새 그렇게 자라버린 나무들…. 한여름임에도 상쾌한 바람이 시원하고, 함께

한 사람들의 발걸음도 경쾌하다.

　임장군의 자취가 남아있는 임걸령에도 우리가 점심을 먹던 공터는 수목으로 가득 차고, 물 한 모금 마실 틈 없이 점심 약속장소인 노루목으로 옮기는 발걸음이 모두들 바쁘다. 하긴 나도 배가 고파온다.

　반야봉에 거의 다 왔다. 우리가 밟아 온 노고단은 서쪽 멀리 솟아있고, 천왕봉은 동쪽 하늘을 받치고 있다. 기온은 도심보다도 8도는 낮을 것이고, 바람은 얼마나 깨끗한지 한동안 그곳에서 발길을 떼지 못하네. 지리산에 처음 온 아낙네들은 아주 여기서 살고 싶은가보다.

　여기서부터는 10년 이상 지루하게 끌어온 자연휴식년제 구간! 그럼에도 중봉으로 가는 길목에 똬리를 틀고 앉은 산꾼들이 많기도 하다. 원칙론자인 우리 회원 둘만이 뱀사골로 돌아갔을 뿐! 다소 씁쓸한 기분이지만 원시림 속으로 우리는 하산길을 서둘렀다.

　중봉에서부터는 중간중간에 아름드리 소나무들과 고사목이 운치를 더하고, 인적이 드문 곳이라 이름 모를 꽃들이 우리를 반갑게 맞는다.

　한참을 내려갔는데도 달궁까지 5km나 남았다는 이정표를 보고 망연자실 하는 새내기 회원들도 있었고, 나중에는 무릎이 아프다고 다리를 끄는 이들도 있었지만, 지리산에 이보다 더한 원시림과 포근한 흙길이 또 있으랴!

　하산하여 그 맑고 시원한 심원계곡에 몸을 담그니 간담이 서늘하다. 쟁기소에 이르러 빨려 들어갈 것만 같은 소용돌이에 넋을 잃고 있다왔는데….

　지리산을 얕보고(?) 쉽게 달려든 몇몇 선남선녀들!

　고생은 하였지만 만물의 이치를 깨닫는다는 지리산에서 겸허함을 배우고, 성취감과 보람을 몸소 느꼈으리라.

삼도봉에서 뱀사골로 흐르는 길

그날은 지리산 성삼재에서 노고단과 임걸령, 그리고 삼도봉을 거쳐 뱀사골로 하산하는 17km 정도의 산행코스로 계획하고 산행을 시작했다.

노고단에서 삼도봉까지는 원추리와 동자꽃 등이 한창 피어난 아름다운 꽃길을 걸어간다.

점심은 삼도봉에서 먹고 화개재로 내려가는 길은 나무계단이 수천길 되는데 그래도 참 운치가 있었다.

거슬러 올라간다면 땀깨나 흘리겠지만…. 그렇게 화개재까지 웃으면서 내려가다 보면 널따란 삼거리가 나오는데, 옛날에 화개장터에서 남원골로 넘어가는 고갯길이었나 보다.

화개재 역시 사람들의 발길로 몸살을 앓고 있었다.

사람들이 워낙 많이 찾는 곳이라 식물들이 손상되어 안타까운 마음이다.

지금은 나무기둥으로 울타리를 쳐두었기 때문에 풀들이 다시 살아나고 있긴 하지만…. 이곳에서 직진하면 벽소령과 천왕봉 가는 길!

그런데 뱀사골이란 지명은 도대체 어떻게 하여 생긴 이름일까?

정유재란 때 불타버린 배암사라는 절이름에서 유래한 것으로 알려져 있는데, 골짜기의 명소들은 뱀이나 용과 연관된 이름이 많은 것으로 보아 배암사는 뱀과 연관되어 붙여진 절이름이라 생각되고 이것이 줄어서 뱀사로 된 것이라 짐작해본다.

뱀사골대피소에 있는 샘에서 발원한 실개천을 따라 내려가니 끊길 듯 끊길 듯하던 물줄기는 점점 넓어지고 얼마 되지않아 계곡을 형성하기 시작한다.

등산로에 끊임없이 이어지는 야생화들, 특히 보는 이로 하여금 탄성을 자아내게 하는 산수국은 간장소까지 이어져 그 자태를 뽐낸다. 그렇게 앙증맞은 산수국으로 눈요기를 하면서 계곡따라 내려오니 시퍼런 소(沼)가 우리를 반겨주었다.

청색잉크를 풀어놓은 듯한 쪽빛 沼! 소금을 짊어진 보부상들이 빠져서 간장소가 되었다던가?

간장을 풀어놓은 듯 검푸른 빛깔의 沼는 우리의 애간장을 끓였다.

한 여인은 꽃에 취했는지 계곡물에 취했는지 두어 차례 옆사람을 놀라게 하더니 결국 길에 박힌 돌에 걸려 넘어지고 말았다. 다행히 손가락만 다친 상태여서 다행이라는 생각이 들면서도 민첩하게 몸을 날려 붙들지 못한 내가 야속했다.

산이 높으면 계곡이 깊은 것은 정한 이치.
그런데도 주능선을 오르기 위해 계곡은 불가피한 과정으로 여기며 산행을 하는 사람들이 많은 듯하다. 그것은 제대로 된 산행이라고 할 수 없지 않은가? 그런 점에서 볼 때 우리는 아주 멋진 코스를 잡았다는 생각이 들었다.
돌들이 촘촘히 박혀있는 산길을 밟으면서 지압하는 기분이 들고 물소리, 바람소리에 귀와 가슴이 맑아오는 느낌이다. 물은 제승대에 이르러 본격적인 물소리를 내며 큰 바위 사이가 비좁다고 아우성이다.
1,300년 전 송림사 고승들이 불자들의 애환을 달래주기 위해 제를 올렸다는 제승대는 양쪽 벽이 육중하게 버티고 있어 시퍼런 물과 대비된다. 제승대는 암반을 훑어 내려온 물이 바위로 된 협곡을 빠져나가면서 푸른 소를 만들고 양쪽으로 암벽이 이어지는 절경을 이룬 곳이다. 아래쪽의 병풍소나 병소도 비슷한 형태의 절경임을 볼 때 평지의 암곡을 흘러 내려가면서 폭류와 소를 만드는 것이 뱀사골경관의 주류라고 이야기할 수 있겠다. 가을엔 가을대로, 겨울엔 겨울대로, 봄엔 봄대로 뱀사골은 아름답지만 사실 나는 수량이 많은 여름철의 뱀사골이 가장 좋더라.

뱀사골은 물과 암반협곡이 줄지어 나오는 제승대 외에 병풍소, 병소, 뱀소, 탁용소에서 절경을 연출하기 때문이다. 병풍소는 병풍같은 바위 사이에서 물이 흘러내리는 절경지다. 그리고 한참 내려오면 병소. 병소는 이름 그대로 병목 모양을 하고 있는데, 이곳은 작년 여름 그녀와 함께 오붓한 시간을 가졌던 비경이다. 그곳에 잠시 앉아서 추억을 더듬어보기도 했다.

능선 위의 푸른 하늘과 흰 구름도 여름의 뱀사골을 화려하게 한다.

저 깊은 소의 청록빛 물은 무슨 조화란 말인가? 하늘빛이 반사된 것일까? 울창한 숲이 물속에 드리워진 것일까?

가슴 시리게 맑은 계곡물을 보면서 나는 문득 대한민국에서 태어나길 잘 했다는 생각이 들었다.

바위와 돌은 씻기고 씻기어 본래의 색깔에서 하얀색을 더하여 아주 정갈한 색깔이며, 물소리는 잠시도 멈추지 않고 시원하게 조잘대고 있어서 마냥 싱그럽기만 하다.

여름철 한 순간으로서는 더할 나위없는 계곡 한켠에 잠시 몸을 적시니 나 더 이상 무엇을 향유하고자 하겠는가?

시

북한산 단풍 외 1편

김초순

투명한 가을빛 받아 더욱 신비롭다
오묘한 그 비경 북한산 파노라마

단풍잎 한 잎 주워서
그에게 보내고 싶다

남몰래 저축해둔 선호의 색조들은
분수처럼 내뿜어 요정처럼 춤춘다

시월은 꽃보다 황홀한
사랑이 물든다

감미로운 바람은 이마를 스쳐가고
땀 절은 삶의 향기 산행 길에 자욱하다

햇살은 단풍잎 뚫고
마음마저 훔쳐간다

연시

하얀 달섬 하늘을 향해
탐스럽게 익은
빨간 연시
하늘 바라기

바람결에 흔들리는 나뭇잎
사그락 사그락..
가을 유혹을 이길 수 없네

노오란 황국 향기애 숨어
터질듯 한 송이 꽃인 양
갈잎 남은 가지에서
손길을 기다리는가

마음은 이미 빼앗긴 채
눈보신 햇살에 드러난 몸 감추고
어루만지듯 살며시
당신을 보쌈합니다

산문

금강소나무 숲 외 1편

정종훈

본신리 금강송숲으로 떠나 보자.

이곳은 조선시대 국가의 정책에 의하여 황장봉산 지역으로 나라에서 황장목을 관리하던 곳이다. 아직도 능선과 계곡엔 거침없이 하늘로 향해 길게 자란 금강소나무가 가득 자라는 곳이다. 수령은 150~200년 된 소나무들이 능선을 따라 자란다. 전체 면적은 1,050만평이니 다 둘러보기엔 꽤나 넓은 면적이다.

흉고 지름이 60센티이고 높이도 30미터 정도이니 200살은 넘었겠다. 예전엔 황장목으로 불리던 것이 이젠 금강산에서 백두대간을 따라 삼척, 울진, 영양, 봉화지역에 분포되어 있고 금강석처럼 강한 소나무라 하여 금강송으로 고쳐 부른다.

본신리 금강송 생태경영림의 제1탐방로 능선을 따라 즐비한 금강송나무이다. 30년 전에 산불로 인해 상처를 입은 나무들도 많이 보이지만 그중에서도 화마를 피해 잘도 살아남았다.
 황량한 겨울을 지나고 숲 가득 고운 꽃보라로 가득 채워지니 또 다른 멋이다 오래된 금강송 껍질은 거북등처럼 갈라진다.
 이번엔 탐방로를 벗어나 검마산 정상으로 올라가 본다. 예전엔 장기판이 그려진 바위가 있다고 해서 올라가 본 길이다. 금강송이지만 나이테가 얼마나 조밀한지 세어 보니 수령은 200년 정도이다. 나이테가 워낙 조밀하고 심재를 채우고 있는 송진 부분이 3분의 2 이상 채워져 있어서 단단하고 쉽게 썩질 않아 소나무 중에서 최고로 사랑 받아 온 나무임을 알 수 있다.

잃어버린 계절

 우리집 앞 동네는 칠성리 반월이다. 마을 앞으론 반변천의 지류인 문상천이 흐르고 뒷산이 반달 모양의 형세라 하여 반월산이라는 이름이 붙여졌고 반월이란 마을 이름이 유래했다. 반월의 서쪽엔 일곱 개의 봉우리가 솟아 그 봉우리가 북두칠성을 닮았다 하여 칠성봉이란 이름이 붙여졌고 여기서 칠성리의 지명이 유래하였다. 매년 정월 초열흘날에 제관과 도가를 선정하여 정월 열나흗날 자시에 동제를 지내왔으나 일제 강점기 때 도로 확장공사를 하면서 당나무를 베어버린 뒤부터 동제는 중단 되었다가 최근 다시 마을사람들이 칠성봉 중턱에 성황당을 세워 동제를 지내고 있다.
 칠성봉 좌측 봉우리가 도로 확장공사로 직선화가 되는 바람에 사라져 버렸다. 인간이 조금 편하자고 아름다운 산을 헐고 깎아내고 강물을 막고 시멘트로 둑을 쌓는다. 물은 물대로 흐르게 하고 산은 산대로 두면 좋으련만.

3월에 내리는 눈, 우리 눈에 보는 그림은 아름답건만 계절이 제 계절이 아니고 하루가 멀다 하고 내리는 눈과 비에 땅은 땅대로 질척이고 낮은 기온에 고추 떡잎도 시들어 다시 씨앗을 붓는 농가도 늘고 이러다 제때에 농사나 지을 수 있을는지.
　퇴근하고 집에 오니 눈이 그치니 꽃이 제 몸을 활짝 열고 빛이 옅어지면 꽃잎을 닫아야 하건만 닫을 생각을 않고 있다. 그만큼 꽃을 피우기 위해 힘들었나 보다. 아님 눈이나 비가 안 오는 이 시기를 놓치면 안 되는 절박함 때문인지도 꽃은 봄을 돌려 달라 아우성을 치고 있다.

수필

눈이 내리면 외 1편

김창현

눈이 내리면 도시는 궁전이 된다. 소녀는 더욱 우아해지고, 가로등은 더욱 운치있다. 종소리는 더욱 맑고, 성당의 불빛은 더욱 성스럽다. 나무는 설화가 되고, 차는 은마차가 된다. 빌딩은 하얀 외투를 걸치고, 네온은 이국처럼 신비롭다. 아이들은 눈사람 뭉치고, 연인은 서로에게 전화를 건다. 눈은 말을 다정하게 만들고, 시선을 부드럽게 만든다. 눈은 커피를 더욱 향기롭게 하고, 사람을 더욱 향기롭게 한다.

눈이 내리면 시골은 설국이 된다. 호수는 더욱 깔끔하고, 산은 더욱 신비롭다. 떠나는 기차는 더욱 아름답고, 기적소리는 더욱 맑다. 산촌의 아침은 더욱 고요하고, 광야의 등불은 더욱 아련하다. 산사의 풍경소리는 더욱 은은하고, 눈 쌓인 탑은 더욱 운치있다. 솔은 더욱 청량하고, 대는 더욱 싱싱하다. 폭포는 더욱 푸르고, 암봉은 더욱 기괴하다. 눈은 한낮을 더욱 고요하게 하고 한밤을 더욱 적막하게 한다. 눈은 바다를 더욱 외롭게 하고, 섬을 더욱 그립게 한다.

　눈이 내리면 편지를 쓰고 싶다. 먼 남쪽 목로주점에 홀로 가고 싶다. 애수 어린 영화를 보러가거나, 서재에서 묵향을 즐기고 싶다. 교회의 캐럴이 그립고, 법당의 목탁소리가 그립다. 호숫가 찻집에서 음악을 듣고 싶고, 古家의 거문고 소릴 듣고 싶다. 눈이 내리면 산이 되고 싶고, 호수가 되고 싶다. 눈이 내리면 산촌 오솔길이 되고 싶고, 강촌 섶다리가 되고 싶다. 나목이 되고 싶고, 나목에 앉은 한 마리 새가 되고 싶다. 아! 눈이 내리는 밤은 먼 기적소리 되어 광야를 헤매고 싶고, 종소리 되어 하늘로 올라가고 싶다.

화개동천 '달빛초당'

　청학동 원묵계 마을 성낙건 님의 찻집 '다오실'은 그 깊은 산중에 손님이 많다. 벽에 쭈욱 진열한 자연 반 인공 반으로 만들어진 부드러운 나뭇가지 찻숟가락들 매력을 천천히 감상하면서 차 한 잔 마시고 나왔다.
　"혹시 김필곤 시인 '달빛초당' 위치 아십니까?"
　"네, 그분은 향기가 나는 분입니다. 쌍계사에서 신흥마을 쪽으로 쭈욱 올라가면 나옵니다."
　"그럼 안녕히!"
　꽁지머리 성낙건 님과 헤어져 화개동천 쌍계사를 지나 달빛초당에 닿은 시각은 하루가 거의 기운 시각이었다. 섬진강은 밀가루처럼 고운 백사장 옆으로 강물이 거울같이 빤짝이며 흐르고, 푸른 대숲은 멀리 웅장한 지리연봉 붉은 노을과 함께 서로 황혼의 노래를 속삭이는 그런 시각이었다.
　이 시간은 바로 서울로 차를 몰아도 늦은 시간인데 생면부지의 '달빛초당' 주인 김필곤 시인을 찾아간 것이다.

화개동천은 언제부터인가 논밭 산중 길가 할 것 없이 푸른 차밭으로 기분좋게 변해있다. 봄이 되면 천지에 꽃향기 휘날릴 벚나무 가로수들을 하나하나 사랑의 눈길로 쓰다듬으며 올라가니 길가의 낡고 초라한 한 지붕 위에서 허공으로 피어오르는 하얀 저녁연기가 오랜만에 매캐한 냄새로 후각을 자극한다.
얼핏 보니 여기에 보일동말동 '달빛초당'이란 글귀가 있다.

인적은 없고, 마당가에 정결하게 쌓아놓은 향기로운 장작냄새 풍기는 손바닥만한 좁은 뜰을 살펴보니, 작은 돌확에 끌어온 샘물 떨어지는 소리가 가늘게 울리고, 마당 아래 바위 사이로 흐르는 계류성이 좀 더 큰소리로 자연의 심포니를 울리는데, 주인이 심은 듯한 춘란이 바위틈에서 싱싱하게 자라고 있다.
"실례합니다."
이렇게 김시인을 만났다.
아내까지 데리고 초면에 염치없이 방에 들어가니, 갑자기 산속에서 향기로운 난초를 발견한 기분이 든다. 선풍도골(仙風道骨) 김시인의 모습도 그렇거니와 누옥(陋屋) 속의 방안 풍경도 선비의 거처답다.
"누추하지만 좀 앉으세요."

군불 지핀 방바닥 뜨끈뜨끈한 구들에 엉덩이를 붙이고 눈으로 방안을 둘러보니, 10년은 넘은 듯한 낡은 벽지로 도배된 방안엔 아무것도 없고, 벽밑에는 나란히 책 몇 권 세워놓았고, 작은 상 위에 펼쳐진 고서 한 권과 안경만 있다.

불시에 들이닥쳤으니, 평소에 이렇게 깔끔히 소제해놓고 독서삼매에 빠지는 습관 아니면 이리 될 수 없다.

"산 속의 이 초옥에 눈이라도 내리면 신선이 따로 없겠습니다!"

"사람 인 변에 묏산 자 붙이면 신선 선(仙) 자 아닙니까? 사람이 산에 가면 곧 신선이지요."

"오용민 님 지리산사이트에서 최화수 기자님 글 읽고 진주에 온 김에 불시에 여길 찾아온 것입니다. 결례라 미안합니다."

"찾아올 인물도 못되는데 제가 도리어 미안합니다."

"창 밖 바위틈에 대원군의 석파란(蘭) 실물이 저렇게 자연 그대로 싱싱하게 푸른 곳이라 정말 부럽군요."

"흔히 춘란은 향기가 없다고 잘못 아시는데, 봄이면 춘란 향기가 집안을 온통 덮습니다."

"꽃은 언제 쯤 핍니까?"

"춘분 전후지요."

매년 심춘(尋春)여행 동행하는 난 좋아하는 이장군이 이 소릴 들으면 미칠 일이다. 작년 봄 그는 화개장터에서 지리산 춘난을 구입하지 않던가?

이렇게 김시인과 산가(山家) 일사(逸事)를 주고받던 중에, 부인이 차를 내놓으니 그 맛이 퍽이나 궁금하다. 김필곤 시인은 원래 차에 관한 잡지를 만들던 분이다. 차맛은 불문가지(不問可知). 전문가가 만든 차가 평범하겠는가?
"아프리카 명품 루이보스 차 같네요."
아내가 감탄 섞인 품평 놓는다.

새벽 세시 결가부좌. 삼십여 분 참선 명상
맑게 비인 목탁 울려 도량경을 읽고 나면
춘란꽃 고즈넉한 아침이 오두막에 와 열린다.

한나절은 차밭일 하고 한나절은 시를 쓰며
달 뜨면 노송 아래서 차도 한잔 끓여본다
아득한 삶의 심연에 낚시줄도 던져본다.

김시인의 『산거(山居)일기』 중 한 편이다.
그가 사인하고 증정해준 시집 『산거일기』를 펼쳐보니, 자신의 의지처 문덕산(文德山) 기슭에 높이 5.5미터의 은하폭포가 있다.
"춘분에 서로 꼭 연락합시다. 내 그때 폭포 옆에 산중초목 중 으뜸 영초(靈草)인 인삼을 심어야겠습니다."
"신선님 계시처럼 반가운 말씀입니다."
괜찮으시면 저녁을 함께 하자는 김시인의 권유에 아내는 질겁한다. 그러나, "이왕 폐 끼친 김에 저녁도 신세지겠습니다."

내가 단호히 버티고 앉았다.

인생에 뜻 맞는 지기(知己) 얻기 그리 쉬운가.

채소만 올려진 선식(仙食)같은 상을 비우고, 마당에 나가 산에 걸린 맑은 달빛 감상하다가, 차가운 약수를 한 병 병에 채운 후, 남해에서 가져온 민어를 선물로 드렸다.

"약주 담가 놓을테니 입춘 때 꼭 오세요."

서울 출발한 시간은 밤 7시다

시 조

매화를 노래함 · 4 외 1편

서석조

문득 다가와 짐짓 내미는 네 입술
속살 깊이 파고들던 바늘 고문 그 통증에
가학적 시절을 돌아 비로소 찾아든 방
내리는 보슬비에 허방 짚는 타나토스
천근 몸이 전율하며 백랍처럼 굳어져도
거리엔 낭만 콘서트 들레어오는 바람결

살과 **뼈**를 태우랴, 딸깍 문 닫히는 소리
사방은 이내 돌벽 까마득히 전율하며
넌 이제 되올 수 없다 내 가슴속 화인일 뿐.

금강산 문 하나 열어 놓고

여기 반월성 남쪽 민들레 꽃핀 자리
한 병졸 삭은 골육에 수 천 수 만 천둥 일며
원효는 목이 마르고 의상은 용을 부리고

말달려 북벌(北伐)하다 혼을 놓은 그 사람들
계림을 들썩여서 애석한 줄 어찌 알랴
금강산 문 하나 열어 놓고 잠에 빠진 마의태자.

산 문

국수 외 1편

오해봉

　나는 국수를 아주 좋아합니다. 언제고 국수를 먹을 때마다 목이 메고 어쩔 땐 눈물이 핑 돈답니다. 81년 봄 83세로 돌아가신 아버지가 생각나서지요.
　내 나이 일곱 살 때 처음으로 정읍에 가봤습니다. 정읍은 우리 동네에서 시오리길(6km)이지요.
　윗집형인 호기형과 호일이형을 따라서 갔습니다. 나보다 3살 더 먹은 호기형에게 고구마 3개를 주기로 하고 따라갔습니다. 동갑인 창원이와 항상 호기형네 집에 가서 숨박꼭질도 하고 호기형과 놀곤했습니다.
　어느 날 장날인데 밖에서 들어오는 호일이형이 뭐라고 하니 호기형이 양말을 찾으며 부산하게 움직였습니다.

호기형이 나에게 "야 너 정읍장에 따라갈래?" 하였습니다. 멍하니 쳐다보는 나에게 "정말이여 임마 갔다 와서 고구마 두 개 주어야 돼." 하기에 고개를 끄덕였더니 "제일 큰놈으로 세 개 알았냐" 했습니다. 금방 고구마 2개가 3개로 올라갔습니다. 3개 아니라 10개를 주고라도 따라가고 싶었습니다.

창원이도 가고 싶어했지만 "너는 걸음을 못 걸으니 안되야" 했습니다.

호일이형 뒤에 호기형이 따르고 그뒤에 내가 신나게 따라갔습니다. 등계물에서 재 너머까지 갈 때는 얼마나 가슴이 두근거리고 신이 나는지 몰랐습니다. 재 너머 큰길에는 짐 실은 구루마도 몇 대 보이고 장에 가는 사람들도 많이 보였습니다.

땅이 얼었다 녹아서 질퍽거리고 미끄러운 길이라 뒤에 처졌다고 호기형이 "야 임마 빨리 안 오면 안 데리고 가" 하였습니다. 양말도 안 신은 검정고무신은 미끄럽기도 했습니다.

말로만 들었던 띠밭머리 다리도 건너고 기찻길도 지나서 당고개재에 오르니 정읍이 보였습니다.

호일이형이 호기형과 나에게 지형설명을 해주었습니다. 그때 들었던 호남중학교와 대양리다리 이야기는 지금도 생생하답니다.

당고개재에서부터는 자동차가 다니는 큰길이기에 미끄럽지 않아 좋았습니다. 큰돌을 주워서 땀나서 미끄러운 발바닥도 문질렀더니 뽀송뽀송하였습니다. 작은형이 다니는 언덕 위의 호남중학교를 몇 번이나 쳐다보며 걸었습니다. 그 바람에 호기형이 해찰한다고 윽박질렀습니다. 그래도 마냥 좋기만 했습니다.

어머니와 아버지로부터 수십 번 들어서 귀에 익은 대양리다리는 넓기도 하고 길기도 했습니다. 다리아래 냇가는 우리 동네 앞 냇가보다 10배는 넓어 보였습니다. 그 아래에는 가마니로 움막을 치고 사는 거지들이 스무 명도 넘게 산다고 했습니다.

형들을 따라서 시장으로 들어갔는데 사람도 많고 옷, 사과, 오징어, 생선, 떡 등이 많기도 하였습니다.

이것저것 넋 놓고 구경하다가 호기형한테 여러 번 혼났습니다. 그러다가 사람 많은 곳에서 형들을 잃어버렸습니다. 앞으로 가보고 옆으로 가 봐도 형들은 없었습니다. 겁이 덜컥 났습니다.

큰길로 나와서 다리까지 가보았습니다. 거기에서 보니 호남중학교도 보이고 당고개재도 갈 수 있을 것 같았습니다. 나름대로 자신감을 얻어 처음 왔던 두 번째 골목으로 들어갔습니다. 하지만 아무리 찾아보아도 형들은 보이지 않았습니다. 눈물이 나려고 했습니다.

한참을 헤매다 나혼자 집으로 가려고 첫 번째 골목으로 나왔습니다. 큰길이 보이기에 반가웠는데 앞에 아버지가 보였습니다. 아버지와 나는 거의 동시에 서로를 보았습니다. 얼마나 반가운지 울먹이는 나에게 아버지는 "이놈의 새끼바 누구 따라왔

87

냐?" 하셨습니다.

"호기랑 호일이" 했더니 "오살놈의 새끼들 어린것을 떼어놓고 저그만 가버려" 하셨습니다.

화도 안 내고 웃지도 않으시던 아버지는 "이리와" 하시며 앞서 걸으셨습니다. 질퍽질퍽 골목을 한참 걸어서 맛있는 냄새가 나는 국수집 앞에 도착하였습니다. 조릿대 채반에는 국수가 소복이 쌓여있고 검은 솥에서는 맛있는 냄새가 나는 국물이 펄펄 끓고 있었습니다.

"이것한티 국시 한 그릇 주시요잉. 멸치랑 많이 좀 넣어주시요잉" 하셨습니다.

아버지는 "곧 댕기올랑게 국시 먹고 여그있어잉" 하셨습니다.

잘 퍼지고 멸치가 10여 마리 올려진 국수는 얼마나 맛있는지 몰랐습니다. 정신없이 맛있게 먹는 걸 보고 "잘 먹네. 아침밥 먹었어 안 먹었어." 했습니다. 나는 빙긋이 웃으며 "먹었어라오" 했습니다.

점심때도 안 되었지만 그 큰 그릇의 국수를 다 먹었습니다. 금방 다녀온다던 아버지는 한 시간도 더 있다가 오셨습니다.

아버지는 다리 옆에서 눈깔사탕을 사더니 나에게 두 개를 주셨습니다. 그리고 물에 씻어 말린 두툼한 시멘트종이 사탕봉지를 밀가루자루에 깊숙이 넣으셨습니다. 입안 가득히 차는 사탕을 먹으면서 아버지와 나란히 다리를 건너는데 그렇게 즐거울

수가 없었습니다.

집에 가면 작은누나와 창원이와 영일이한테 할 이야기가 많을 것 같았습니다.

호남중학교를 지나서 당고개재를 내려오면서 아버지는 밀가루 자루에서 오징어를 한 마리 꺼내더니 다리 10개를 떼어 몸통은 집어넣으셨습니다. 아버지는 긴 발 한 개만 입에 넣으시고 나머지는 저를 주셨습니다. 앞서 걸어가시던 아버지는 이따금씩 뒤돌아보면서 "꼭꼭 깨물라 먹어잉" 하셨습니다.

갈 때처럼 띠밭머리 재 너머 등계물을 지나서 집에 왔습니다.

집에 오니 어머니도 어디 가셨는지 없었습니다. 아버지는 부엌에 들어가서 솥에든 밥을 챙기시며 나에게 "막둥아 밥 먹을래" 하셨습니다.

아버지는 데우지도 않은 김칫국과 밥을 맛있게 잡수셨습니다. 국수도 좋아하시고 고깃국도 아주 좋아하시는 아버지는 장에서 사 먹는 게 돈이 아까워 집에 와서 식은밥을 잡수신 것이었습니다.

지리산 만복대

    지리산 만복대에 오르면서보니 해가지고 있었습니다.
    2009년 12월 31일 17:30분, 실제는 기막히게 좋은 달을 보았습니다. 내 생전 그렇게 아름답고 좋은 달은 처음 보았습니다.
    비박장소에 이르러 텐트 안에서는 리더인 이영진님과 김진수님이 자고 심상환과 나는 텐트 옆에 비닐 매트리스 커버를 씌운 침낭과 후라이를 덮고 잤습니다.
    영하 22도의 날씨에 바람은 밤새도록 잠도 안자고 불어대며 후라이를 펄럭이기에 몇 번을 깼습니다. 영하 40도에도 견딘다는 침낭은 이름값을 톡톡히 잘 하였답니다.
    만복대(1,433m), 어제 만복대에 올라올 때 눈은 허벅지를 넘었고 우리팀 넷 말고는 아무도 없었습니다. 살을 에는 듯한 칼바람은 불고 배낭은 무겁고 푹푹 빠지는 눈 때문에 코앞에 둔 만복대 정상 아래 바위 밑은 멀기만 하였습니다.
    그 유명한 바위 밑 명당터는 바람이 어찌나 불어대는지 비박

할 엄두가 않았습니다.

정상에서 이리 저리 살피면서 비박할 곳을 찾는데 해가 지니 날씨는 점점 추워졌습니다. 따뜻한 집 놔두고 이게 무슨 짓이냐며 덜덜 떨며 억지로 웃었습니다.

중앙의 바위에서 조금 내려가면 스무 살에 죽어버린 류인철(75년생)이라는 슬픈 동판이 세워져 있습니다. 동판에는 아래와 같은 슬픈 글이 쓰여 있었습니다.

> 내 만일 죽어 사라지더라도 내 이름만은 기억해주오.
> 내 만일 죽어 사라지더라도 내 모습만은 기억해주오.
> 내 만일 죽어 사라지더라도 나의 진심만은 알아주오.
> 이제 여기 어머니의 품, 지리산에서 편히 잠들어라.

우리나라 산수유의 시배지인 구례 산동 상위마을에서 올라갈 때부터 지리산 고유의 무서운 바람이 불었습니다. 묘봉치부터는 계속하여 강한 북풍을 왼쪽으로 받으며 2시간 반을 올라갔기에 오늘까지도 왼뺨은 매맞은 것처럼 아픕니다. 오른손가락 세 개는 동상이 걸려서 짜릿 짜릿하며 젓가락질이 힘드네요.

국산 최고의 스키장갑이 똑같은 가격의 미국산 등산장갑과는 비교가 안 되더군요. 추운 날씨에 대비를 못한 나도 잘못이지만 장갑 만드는 사람들도 잘 좀 만들었으면 좋겠습니다. 친구는 양쪽 손에 동상이 들었어도 참 좋은 산행을 하였다고 흐뭇해했습니다. 다음 산행 때는 준비를 잘 해야겠습니다.

산문

섬진강변으로 이사하다 외 1편

최오균

드디어 이사를 했다.

이웃집 사람들과 친구들이 서울집에서 이삿짐을 싣는 걸 도와주었다. 앞집 504호 아주머니가 김 말랭이를 한톳 들고 왔고, 203호 젊은 아주머니가 울 듯한 표정으로 무언가를 들고 왔다. 이별은 언제나 그렇게 아쉽고 시큰시큰 한 것이다.

멀리 경북 청도에서 아내보다 1년 먼저 심장이식을 한 김성곤씨가 포장 용달차를 몰고 왔다.

"찰라님, 이삿짐만큼은 지가 옮겨 드려야지요."

그는 심장과 콩팥을 동시에 이식을 하고도 건강하게 화물차를 운전하며 살아가고 있다.

모든 것을 놓아 버리고 씩씩하고 낙천적으로 살아가는 그는 덤으로 초월적인 삶을 살아가는 용기 있는 사람이다.

그를 볼 때마다 나는 왠지 부끄러우면서도 힘이 솟는 것 같다. 그는 '희망' 전도사이며, '용기'의 심벌이다.

심장이식 환자들은 아내와는 형제자매처럼 끈끈하게 서로 도와가며 살아가고 있다. 하여간 청도에서 서울까지 먼 길을 마다 않고 달려온 그의 뜨거운 마음에 나는 거의 눈물이 날 뻔했다.

나는 구례화물에 이삿짐 운반 계약을 해 놓았는데 그의 강력한 항의(?)사태로 계약을 해지해야만 했다.

아침 5시부터 이삿짐을 싣기 시작하여 석이와 진이라는 고향 친구, 둘째 경이랑 함께 8시에 서울 집을 출발 쉬엄쉬엄 가다 보니 오후 2시경에 섬진강에 도착했다.

섬진강! 꿈에만 그리던 섬진강이 바로 발끝에 있다니…. 믿기지가 않지만 그것은 현실이었다. 다행히 비가 올듯 올듯 하면서도 참아주었다. 날씨는 습하고 더웠지만 하늘이 이사하는 걸 도와주는 것 같았다.

오, 나는 섬진강 신에게 감사를 드려야 했다! 아니, 나를 도와준 모든 분들에게 감사를 드렸다. 계족산 밑 개울이 흘러가는 곳 36가구가 옹기종기 모여 살아가는 정겨운 마을.

동네 앞에는 석류꽃이 흐드러지게 피어 있었으며 돌담 밑에는 오동나무 꽃과 닭의장풀도 꽃을 피워 주인을 반겨주고 있다.

동네 사람들이 오다가다 들여다보았다.

"농번기라 너무 바빠서 이삿짐 운반을 못해 줘 미안해유…."
"아, 네…."

순박한 마을사람들의 표정은 한편의 서사시(詩)를 보는 듯했다. 마을에서 살아온 내력과 바쁜 농촌의 표정이 그분들 모습에 장편의 서사시처럼 새겨져 있었다.

돌담을 덮고 있는 담쟁이덩굴이 너무나 마음에 들었으며 작은 집이지만 대문이 넓어 자동차가 마당 안으로 들어 갈 수 있는 것도 좋았다. 대문을 꽉 열어 놓고 살아야지….

목포에서 아내의 사촌오빠와 처남이 중고 냉장고와 세탁기, 정수기를 싣고 왔고 순천에 살고 있는 아내 친구 부부가 오리고기과 상추쌈을 사들고 계족산을 넘어왔다.

그리고 먼저 이 집에서 살았던 시안이 아빠가 와서 함께 짐을 옮기는 것을 도와주었다.

대충 짐을 풀어 놓고 마당에서 김치를 안주 삼아 막걸리를 한잔했다.

카아~, 목이 말라서인지 막걸리 맛이 기가 막혔다. 막걸리 맛이 마치 맑은 섬진강물을 마시는 것처럼 달고 시원했다. 지리산에서 내린 맑은 섬진강물에 섬섬옥수 빚어낸 막걸리가 아니던가!

나는 갑자기 큰 부자가 된 기분이 들었으며 친구들과 이웃들이 준 중고 살림을 가득 채워 넣고 보니 세들어 사는 처지이지만 우리는 실제로 큰 부자가 되어 있었다. 사는 동안은 내 집이 아니던가!

　눈을 들면 파란 나무와 숲이 보여 시야가 맑아졌으며 흠~ 흠~ 숨을 쉬면 풋풋한 밤꽃 향기와 풀내음이 폐부 깊숙이 들어와 숨을 쉬기가 매우 편했다.

　"휴우~ 정말, 이제 살 것 같아요!"

　막걸리 잔을 마주친 아내와 나는 마음이 매우 넉넉해졌으며 정말 오늘처럼만 흡족하게 살았으면 좋겠다는 생각을 했다.

　'진작에 이사를 왔어야 하는데….' 당뇨에 심장이식까지 한 아내는 정말 맑은 공기와 공해가 없는 곳에서 살아가야할 사람이다. 아내뿐만 아니라 나 역시 마찬가지다. 아니 모든 사람들이 다 그런 생각들을 하고는 있지만 이런 저런 사정으로 실천에 옮기지 못하고 있다. 그러나 나는 지금이라도 늦지 않았다는 생각이 들었다. 인생이 살면 얼마나 살겠는가.

　그러니 늦기 전에 저 가슴속 안에서 울려 나오는 내면의 소리에 귀를 기울이며 후회 없는 삶을 살아가야 한다. 아내는 가끔 현관문밖으로 나와 계족산과 푸른 들을 까닭없이 신비한 듯 바라보았다. 그 모습이 여유로워 보기에 좋았다.

　"계란, 간장, 야채, 마늘…. 있어요~."

　이동식 슈퍼마켓자동차가 동네를 돌았다. 가슴을 아련하게 파고드는 아저씨의 목소리가 정겹게 들려왔다. 아내는 바로 대문 앞에서 장을 보았다.

"서울의 마트에서 장을 보는 것보다 훨씬 편하군."

"이 계란판이나 들고 가요."

나는 주변의 자연경관에 취해 그만 계란판을 개울 옆에 두고 와 아내에게 호되게(?) 핀잔을 받았다. 허걱! 나는 핀잔을 받아도 왠지 기분이 좋았다.

짐을 대충 정리하고 순천 부부가 사온 오리고기와 상추쌈으로 저녁식사를 했다. 어찌나 맛이 있던지…. 노동의 신성함이 느껴지는 순간이었다.

거기에다가 소주를 한잔 걸치고 나니 그냥 눈이 스르르 감겨왔다. 개구리 소리와 풀벌레 소리를 자장가 삼아 어느새 깊은 잠에 빠져 들었다.

"신이여, 이 세상을 평안케 하소서."

기도하는 은행나무

경제가 어렵다고 한다. 주식은 폭락을 하고 환율은 천정을 모르고 올라간다고 한다. 회사는 부도가 나고 수출은 줄어든다고 한다. 인심은 더 흉흉해지고 소비가 움츠러들어 서민들이 더 살기가 어려워지고 있다고 한다. 사람들은 모두 살기가 어렵다고 한다. 부자는 더 부자가 되고, 가난한 사람은 더 가난한 사람이 된다고 한다.

경기도 양평에 있는 용문사 은행나무를 찾아갔다.

원더풀! 천년을 넘은 은행나무는 노란 금화로 둘러 싸여 있다. 가난한 사람도, 부자도, 아픈 사람도, 걱정이 많은 사람도 모두 이 거대한 은행나무 앞에서는 감동의 소리를 지른다. 노란 은행잎이 황금물결을 이루고 있다. 바람이라도 불라치면 은행잎은 마치 금화처럼 땅위로 춤을 추며 떨어져 내린다. 기와불사를 받고 있는 용문사 보살님의 말씀으로는 금년에 유난히도 색깔이 곱다고 한다. 경제가 어려우니 가난한 사람들에게 금화를 나누어 주려고 함일까?

나라가 어려울 때마다 용문사의 은행나무는 소리를 낸다. 금년엔 경제가 어려우니 더욱 색깔을 곱게 물들여 세상에 '금화'를 나누어 주려 함일까? 노랑물결로 출렁이는 용문사의 은행나무는 그야말로 금화로 출렁인다.

    경기도 양평군 용문면 용문사
    1,100년이나 된 은행나무는
    늘 소리를 낸다. 조선 말기 고종 황제가 승하했을 때
    큰 가지를 부러뜨리며
    소리를 질렀다.
    8·15 해방이 찾아왔을 때
    6·25 난리가 벌어졌을 때
    4·19 혁명이 일어났을 때
    5·16 쿠데타가 터졌을 때 용문사 은행나무는
    어김없이 큰 소리를 내었다.
    나라에 큰 일이 일어날 때
    소리를 지르는 용문사 은행나무
    제 한 몸, 제 가족밖에 모르는
    인간보다 낫다.
    소시민보다 낫다. 나라 걱정 없고
    지역감정만 가득 찬
    한국 사람보다 백 배 천 배 낫다.
            - 박지극, 「용문사 은행나무」 중에서

나라를 걱정해주는 은행나무 앞에 서니 기도가 절로 되는 것 같다. 그 금빛 찬란한 은행나무 앞에 서니 기쁨과 희망이 샘솟고 기운이 절로 난다. 걱정이 없어지고 번뇌도 달아나 버린다. 나라를 위해 기도하는 용문사 은행나무는 사람보다 훨씬 낫다는 생각이 든다.

　심장이식을 한 아내와 함께 은행나무 앞에 서다니…. 그저 감개가 무량하다. 은행나무님, 감사합니다!

　천년을 살아온 은행나무에 합장 삼배하고 경건해진 마음으로 하산을 했다.

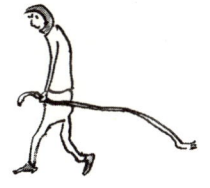

시

평사리를 보았네 외 2편

이갑완

초여름 섬진강변 평사리
언제나 정겨운 우리 마음의 쉼터이던
옛초가집을 둘러본다

가지런히 놓여 있는 하얀 고무신 임자
방안에서 바느질을 하고 있는지
한낮에 마냥 사립문도 열어놓고

손때로 길들여진 용이네 장독대엔
봉숭아꽃들이 소곤소곤 우고 이네

울타리를 타고 오르는 커다란 이파리
부릅뜬 눈빛처럼 큰 귀를 열고서

하얀 고무신이 지키는 방안을 엿듣는다
동네 곳곳에 피어 있는 낯익은 화초들
이 땅을 지키 온 이야기를 꽃으로 웃고 있다
아름다운 평사리 마을에 공존하는 역사
토지*가 남긴 한 대목에서

서희와 길상이는 신화처럼 살았는데
푸르게 흐르는 섬진강 물빛처럼
영원히 살아 흐르네

최참판댁에 엎드려 살아 온 초가집들
희한한 삶들이 가슴 짜안하다
나그네는 시린 눈빛을 감춘다.

*해마다 10월에 열리는 하동토지문학제
*소설「토지」에 나오는 인물(주인공 서희와 길상)

무차시 · 2
- 인생바캉스

꿈꾸는 소녀도 아닌데
무슨 한(恨) 가득 쌓인 40대 아줌마도 아닌데
훌쩍 떠나고 싶다
이정표도 없는 길로.

오래 지녀 온 고질
내 숨어 있는 병이 새롭게 도지고 있다
나이를 훌쩍 깎아내어
도려낸 아픔으로 몸살을 앓는 계절이다.

인생의 바캉스!
탱고가 흐르는 오후에
여행자로 먼길 떠나자
낯선 기차를 타고 싶다

낯선 산빛을 보며

낯선 물빛을 보며
해조음이 불러 주어도 좋으리

낯선 사투리에 귀를 열고
그 바람소리까지도
마음에 담고 달리는 길

내게
세수(歲數)가 얼마냐고 묻지를 마시라….

커피연가

어느 신명 나는 날
낯선 글로 A4 한 장 메꾸다보면
어느새 낯익은 그 한 잔이 곁에 와 입맛을 재촉한다

문맥이 막히면 속절없이 손길이 가는 찻잔
잔 속에 코를 묻고 눈을 멀거니 담아서
가물거리는 글자를 건지고 있다
돋보기란 낚싯대는 헤엄치는 글자 하나하나를
미끼도 없이 송사리떼 잡아 올리듯 개가를 울린다.

아, 궁색하던 글문…
길을 활짝 열어가는 자축으로
또 한 잔! 커피향에 취해
막힘없는 고속도로 주행하듯이…
쓴 글을 읽어본다 신명나게
간신히 엮어진 내 삶의 잔상들을
그 향기에 취해서 가슴 떨며 읽는다

이제사 알았네
내 삶이 이토록 메말랐음을

단비를 기다리는 마른 대지에
둔탁한 내 찻잔으로 달콤한 사랑을 뿌리며
꽃들 한 점 움 틔우는 마음의 벗이 되어

오늘도 씁쌀한
따끈한 커피를 마신다.

시

그리움도 미움도 외 1편

김경자

심장에 가두어 둔 고통과 저주
나를 못살게 하는 아픔이다
그리움도 미움도
맑은 청주 빚어지듯
고운 체에 받쳐서 걸러내야만

태워도 불이 되지 않는 뼈를
무정하게 묶어놓고
낡은 피 다 버리고
고통에서 고통으로 옮겨다니지 않아도
빛에서 빛으로

예쁜 자갈도
해초도
모두 두고 가는 물처럼
그렇게 흐르며 살리

아현동 막걸리 집

찌그러진 양은 주전자
때 묻은 탁자와 의자에는
언제나 정이 있다
벽에는 어지러운 낙서
유명 인사의 멋진 시도 있다

바쁠 것 없어 보이는 길손들은
막걸리 잔을 목구멍 깊이 털어 붓는다
가슴이 울렁거리도록 기다리는 사람은 없어도
눈을 지그시 감고
또 찾아야 할 것이 있을 듯

멈출 줄 모르는 바람기를 안주 하여
마시는 술은
다음 여정에서
연인보다 더 포근한 길동무가 된다

때로는 세상살이 원망도 하고
인정에 가슴도 적시며
한 번도 갖지 못한 사랑에 취한 양
현기증을 가누며 문을 나선다.

시

날 개

정 재 복

날개를 드리고 싶었습니다.
이 고통의 바다에
살 풀어 가는 비단길처럼 당신께
날개 한 잎
달아드리고 싶었습니다.

세상 가득히
저음으로 날리는 슬픔
꽃잎처럼 불어 헤치며 당신께
위안 한 줌
건네 드리고 싶었습니다.

그 출렁이는 마음을 태워
저무는 시절

아름답게 동무할 당신께
작은 곡조 한 장단
빚어 드리고 싶었습니다.

송림작가

시

섬달천 외 1편

나종영

순천만 바닷길 따라가다 보면
소라면 달천리 앞 바다
달빛 아래 고요히 섬달천 떠있지

바다 건너 팔영산 여덟 봉우리가 보이고
해질 무렵이면 숭어 떼들이 금빛 몸을 솟구치며
붉은 노을 속으로 빠져드는 곳
가끔은 가난한 시인들 홀로 와서
단풍잎 같은 예쁜 그리움 되새기다 넋을 잃는 곳,

순천만 돌아 소라면 앞 바다
아름다움이 폐선 위에 버려진 섬 하나
하늘에 닿은 듯 떠있지

사랑이 떠난 후에야 몽환(夢幻)을 꿈꾸는
사람의 동네에 한 폭 그림처럼 떠 있지
내 고향 이발소 그림처럼 느릿느릿 한 세월 가고 있지.

메꽃을 위하여

누군가를 사랑한다는 것이
다른 누군가에게는 상처를 주는 일이라는 것을
풀숲에 몸을 낮추어 피어 있는
너를 보면서야 알았다

누군가를 지극히 사랑한다는 일이
어쩌면 서로를 얽매고 있는 것일 수 있다는 것을
눈시울 젖은 연분홍 너를 보고서야 알았다
애써 너는 자신을 내세우지 않으면서도
스스로 넝쿨손을 뻗어 네 몸을 감고 있다
이 세상 한 몸을 던져 누군가를 사랑한다는 것이
낡은 지붕에 깔리는 노을처럼 얼마나 가슴이 저리는 일이리

이른 아침 눈을 뜨면 손나팔을 모아
푸른 공기 속에 그리움을 부르는 내 사랑이여
사랑이 누군가에게 상처를 주는 것이 아님에야
어찌 사랑을 아니라고 도리질을 칠 수가 있으랴

저녁 안개 피어오르는 물가에 앉아 있는
너를 보면서야 알았다
사랑이란 보이지 않는 것을 어루만지는 것이라는 것을

무엇인가를 사랑한다는 것이
그 사랑으로 하여금 상처받는 것조차 사랑하여야 하는 것임을
키 작은 풀꽃들에게 넝쿨손을 빌려주고 자신은 몸을 낮추는
너를 보고서야 비로소 알았다
사랑이 진정 사랑임에야
있는 그 자리, 내 안의 독(毒)을 풀어
스스로 자연으로 돌아가는 것이라는 것을.

시

아나키스트

손채은

너는 항상 나와 평행을 이루고
번지르한 비웃음으로
너와의 불륜을 유혹하고 있다

깨어진 보도블록 사이에서
부서진 창문 틈을 비집고
잠자는 아내의 눈주름 위에서
지상과의 혼숙을 조롱하고 있다

너를 향한 나의 분노는 절망을 향해 치달린다
그래도 너는
그 절망 끝에 붉은 십자가를 매단 채
내 동맥의 출혈이 다하길 기다리고 있다

간음한 여인을 앞에 세워두고 예수는
땅바닥에 주저앉아 무엇을 쓰고 있었기에
모두가 슬그머니 그의 곁을 떠나고 말았을까

수필

연동마을 어머니 외 1편

김도수

지난 5월 어느 날, 저녁을 먹고 집 근처에서 아내와 산책하는데 핸드폰이 울린다. 곡성 연동마을에 사는 정동순씨 어머니다.
"광양이지요? 여기 부산인데요, 우리 어머니가 통화 좀 하고 싶다고 하네요."
그 집 막내딸이 전화를 걸어와 연동 어머니를 바꾸어준다.
"참나! 허망허네요. 내가 암이다요, 암."
"예, 그게 무슨 소리예요?"
연동 어머니께서 암에 걸렸다는 얘기에 눈물이 앞을 가려 집으로 돌아오는 길이 보이지 않았다. 연동 어머니는 몸이 움직일 때까지는 고향집에 있고 싶다며 곡성으로 다시 돌아왔다. 돌아오던 날, 아내와 함께 달려가니 밥맛이 없다며 숟가락 몇 번

뜨더니 이내 내려놓고 만다. 다음 날, 연동 어머니께서 주신 참깨를 모두 털어서 죽을 쑤어 아내와 함께 갔다.

"참말로 고마운 양반이여. 근디 머더게 죽을 다 쒀 왔소. 꼬소름헝게 참 맛있소."

올해로 만 78세인 연동 어머니는 지난 10월 10일 아침, 고단했던 이승의 무거운 짐을 훌훌 털고 먼 길을 떠나가셨다. 꼭 우리 어머니처럼 가냘픈 몸매에 어디서 그런 힘이 나오는지 돌아가시기 전까지 하루도 쉬지 않고 자식들 입에 먹이 물어 나르며 열심히 살다가 가셨다.

"나 죽기 전에 요 묵은 장 좀 퍼가쇼. 이게 마지막 퍼주는 장이 될랑가 모르겄소."

장독대 한켠에 있는 장독에서 묵은 간장을 퍼 담아 주시며 주름진 얼굴을 펴 보이셨다. 땀 흘려 농사지어 자식들에게 퍼주는 그런 행복한 모습 말이다.

"글고, 고구마 캘 때까지 내가 살아 있을랑가 모르겄소. 나 죽더라도 혹시 우리 집에 들르거든 집 뒤안 밭에다 듬섬듬성 고구마 숭거 놨응게 캐다 묵으쑈. 막내딸한테 나 죽더라도 시가집에 옴선감선 캐다 묵으라고 고구마 숭거났다고 힜다가 혼나 불었쑈. 하이간 나 없어도 꼭 캐다 묵으쑈."

그렇게 신신당부하던 연동 어머니는 지난 10월 12일 예쁜 꽃가마 하나 얻어 타고 다시 돌아오지 않을 먼 나들이를 떠나셨다. 새벽부터 저녁까지 허리 굽혀 평생 손발톱 속에 흙을 넣고 살던 마을 뒷산 고추밭에 묻혔다. 상여가 고추밭에 도착해 새로 짓고 있는 어머니 집으로 향할 때 나는 사위들과 마을 사람들 틈에 끼여 관을 들었다.

2남 5녀 동순씨 형제들, 차례대로 어머니 가슴에 흙을 얹는데 마지막으로 나와 아내에게도 삽을 내주었다. 똑같이 자식 취급을 해주는 유족들이 너무도 고마웠다. 나는 어머니 가슴에 흙을 얹으며 "어머니, 이제 편안히 쉬십시오. 그동안 고생 많이 하셨습니다. 고마웠습니다. 이승에서 흘렸던 땀방울 이제 거두시고 편히 쉬세요"라고 인사했다.

연동 어머니가 누운 곳은 해마다 고추, 참깨, 들깨, 콩, 배추를 심던 밭이었다. 몸이 아픈데도 자식들에게 나눠주려고 올봄에도 고추, 들깨, 콩을 심었다. 어머니 누운 무덤가에는 아침에 거둬놓은 콩들이 가지런히 놓여 있었다. 동순씨는 밭에 떨어진 콩알을 주워 "우리 어머니가 애쓰게 지은 농사네!…"하며 아내 손에 쥐어 준다.

연동 어머니 무덤을 뒤로하고 발길을 옮기려 하니 눈물이 핑 돈다. 적적할까봐 가끔씩 전화를 걸면 "아이고, 고마운 양반. 잘 계싯쏘?"하며 늘 반가운 목소리로 살갑게 대하던 연동 어머니는 이제 먼 곳으로 가서서 핸드폰에 저장된 전화번호를 지워야 한다.

지난 2003년 1월, 고향 진뫼마을로 설을 쇠러 가려고 아침 일찍 일어나 인터넷을 보다가 미국에 거주하는 정동순씨가 쓴 「설날, 밤새 오빠를 기다리던 날의 풍경」이라는 글을 우연히 읽은 적이 있다. 가난했지만 아름다웠던 고향마을 추억 이야기가 너무도 가슴에 아릿하게 다가와 댓글을 달게 되면서 정동순씨 어머니와의 인연이 시작되었다.

미국에 사는 정동순씨는 얼마나 고향이 그리울까? '마을 사진이라도 한 장 찍어서 보내주면 참 좋아하겠지'라고 생각한 끝에 마을 이름을 알아냈다. 동순씨 고향은 내가 주말이면 임실 진뫼마을로 가기 위해 타고 가는 고속도로 옆에 있는 곡성 연동마을이었다.

동순씨는 고향마을 사진을 잘 받았다며 고향마을에 어머니 홀로 농사지으며 살고 있는데 한 번 찾아가 봐도 좋다고 했다. 이왕이면 어머니 사진을 찍어서 보내면 더 좋아할 것 같아 사진기를 들고 찾아갔다. 그렇게 연동 어머니와 나의 인연은 시작되었다.

감이 빨갛게 익어가던 2003년 가을, 미국 사는 딸 동순씨에게서 우리집 전화번호를 알아낸 연동 어머니에게서 전화가 걸려왔다.

"거기가 임실양반 집이 맞소? 나 여그 곡성인디요, 다름이 아니라 뭐 줄 것은 없고 감 좀 따갔으면 해서 전화를 혔소. 언제

임실 집에 가요?"

"뭐더게 저까지 감을 줄라고 그러세요. 태풍 불어서 다 떨어져 불었을 턴디 자식들이나 따 주제."

"아니라우. 언제 올라요? 내 그날은 들에 안 나가고 지다리고 있을라요."

감을 가지러 가지 않으면 무척 서운해 하실 것 같아 고향 가는 길에 연동마을에 들렀다. 그날 어머니는 아침부터 대추, 인삼 넣고 닭을 푹 삶아두고는 나를 기다리고 계셨다.

그 해 11월, 우리 어머니 제사 지내고 오던 길에 스웨터 한 벌을 사 들고 연동 어머니 댁에 들렀다. "뭐더게 옷을 샀냐"며 나무라시면서도 아내가 입혀준 스웨터를 입고 골목길에 서서 '어서 가라'고 손을 흔들어주던 연동 어머니 모습이 아직도 지워지지 않는다.

그렇게 연동마을 어머니와 나는 사위처럼 친아들처럼 인연을 맺고 살았다. 손자들 주려고 만든 엿이며 참기름이며 토종닭이며, 시래깃국에 넣어 먹을 들깨가루 같은 것까지 챙겨 주셨고, 몸뻬 속에 꼬깃꼬깃 넣어둔 돈을 꺼내 우리 아이들 손에 쥐어 주기도 하셨다. 설날이 오면 부산 아들네집 가시는 연동 어머니를 하루 전날 모시고 와 순천 우리집에서 함께 자며 밤새 긴긴 이야기를 나누기도 했다.

'홀로 시골집에서 얼마나 적적할까' 하는 생각에 가족들 데리고 가서 하룻밤 자고 오면서 말동무가 되어드리기도 했고, 몸뻬를 사다 드리기도 했다. 고향 가는 길에 연동 어머니 집에 들러 어두운 형광등도 사다 바꿔달고 무뎌진 낫도 갈아주고, 벼 벨 때 도와 드리기도 했다. 상처 난 곳 득득 긁고 계시기에 연고와 파스를 사다 드리기도 하며 꼭 내 어머니처럼 지냈다.

연동 어머니는 해마다 된장이며 고추장, 간장을 퍼 담아주고 땀 흘려 지은 쌀을 한 가마니나 주기도 해서 내 눈물을 쏙 빼놓기도 했다. 우리 어머니 살아생전 "너그덜 결혼하면 쌀 조께, 깨 조께, 콩 조께, 조마니 조마니 싸 주고 싶다"던 약속 저버리고 너무 빨리 가셔 버렸는데 연동 어머니께서 그 빈자리를 메워 주셨다.

꼭 내 친어머니처럼 나를 대해주던 연동 어머니.

'내 어머니 월곡댁 빈자리를 따뜻하게 채워주셔서 지난 7년간 저는 너무도 행복했습니다. 고맙고 고마웠습니다. 이제 편히 잠 드셔요.'

연동 어머니 누운 고추밭을 바라보며 인사드리니 연동 어머니가 내게 이렇게 대답하는 것만 같았다.

'아따! 손발 닳도록 뛰어댕김선 살다가 고추밭 아래 누우니 이리 편허요!'

봄밤의 천렵

 소쩍새 찾아오고 앞 뒷산에 진달래가 붉게 물든 주말 오후, 고향 진뫼마을에 도착하니 어느새 어둠이 내리고 있었다. 고향 집으로 들어가기 위해서는 마을회관 앞을 지나야 하는데 평소 조용하기만 하던 회관이 왁자지껄했다. 마침 회관에서 나오던 마을 이장인 한수형님께서 부른다.
 "어이, 도수 잘 왔네. 회관에 들어가서 밥 좀 묵소!"
 "무슨 밥인디요?"
 "응, 서울 사는 형철이가 며칠 전 조상님들 묘를 이장허고 나서 마을 사람들한테 술이나 한 잔 허라고 돈을 쬐께 주고 갔고만. 그래서 그 돈으로 돼야지를 한 마리 잡았어."
 마을 사람들은 오전에 돼지를 잡아 내장을 삶아 드시고, 오후에는 고기를 삶아 술 한 잔씩 드시고 계셨다. 쓸쓸하고 고요하기만 했던 긴 겨울의 터널을 지나 산골마을에 찾아든 봄 햇살은 고향 마을사람들의 마음까지도 환하게 열어 주어 마주치는 얼굴마다 생기가 넘쳐흐르고 있었다.

"아 아, 알려드립니다. 집에 계시는 마을 주민들은 저녁밥이 준비됐응게 한 분도 빠짐없이 지금 바로 마을회관으로 나와 주시기 바랍니다. 지금 막 국이 끓었응게 식기 전에 얼릉 묵어야 형게 모다들 나오셔서 잡솨 주시기 바랍니다."

이장님의 안내방송이 나간 뒤 집에 계시던 마을 사람들이 회관 방으로 모여들어 미리 술을 드시고 계시던 분들과 함께 저녁식사를 했다. 저녁식사를 하면서 술잔은 계속 돌아가고, 그러다가 밥상이 치워지고, 누가 먼저랄 것도 없이 일어나 덩실덩실 어깨춤을 추기 시작했다. 밤 나들이 천렵이 회관 방에서 시작되고 있었던 것이다.

마을회관 사무실에 있던 앰프를 옮겨와 스피커를 달아 설치한 음향시설이 쿵쿵 울렸고, 흘러간 가요 메들리송은 일상의 시름을 잊기에 충분했다. 불빛 아래 몸을 기우뚱거리며 흔들어대는 어르신들의 구릿빛 얼굴과 목청껏 불러대는 노랫가락이 정겨웠다. 그 소리가 뒷산 정자나무까지 울려 퍼졌는지 초저녁부터 구슬피 울어대던 소쩍새가 울음을 뚝 멈췄다. 고요하기만 하던 마을에 갑자기 노랫소리가 울려 퍼지니 소쩍새도 깜작 놀라 울음을 멈추고 주위를 살피고 있었던 걸까.

회관 방에서 겨우내 마을 주민들과 함께 지내던 파리들도 갑자기 쾅쾅 울려 퍼지는 음악소리에 놀라기는 마찬가지였을 것이다. 천장에 납작 엎드려 분위기를 파악하던 파리들은 '평소 텔레비전 소리만 들리던 고요한 회관 방에 오늘밤은 뭔 놈의 날이가디 노랫소리가 이리도 요란스럽게 울려 퍼진다냐?'며 놀랐을 것이다.

우리 딸과 아들도 마을 어르신네들 틈에 끼여 덩실덩실 춤을 추었다. 할머니들은 손자 같은 아들과 딸내미가 춤을 추자 흥에 겨워 "잘헌다, 잘혀!"를 연발하며 함께 춤을 추었다. 늙으신 노인네들만 사는 마을에 어린애들이 재롱을 피우며 흔들어대니 얼마나 귀엽게 보였을 것인가.

딸과 아들은 세월 흐른 뒤 어른이 되어 마을회관 앞을 지날 때면, 할머니 할아버지들과 함께 춤을 추던 진뫼마을의 봄밤을 떠올리며 추억에 젖어들기도 하리니.

마을에 주민들이 몇 분 살고 있지 않아 회관 방에서 열렸던 봄나들이 천렵. 그러나 마을에 사람들이 많이 살았던 80년대 중반까지는 본격적인 농사철에 앞서 보리이삭이 막 올라오기 전, 강변에서 봄나들이 잔치가 열렸다. 마을 사람들은 '상급배미' 강변에 심어진 미루나무 아래서 '덩더쿵 덩더쿵' 장구를 치며 천렵을 즐겼다.

어린 시절 마을 강변으로 봄나들이 갈 때마다 어머니를 따라다녔다. 어머니가 술이 취해 마을 분들과 함께 어울려 춤을 추기라도 하면 나는 어머니 치맛자락을 질질 잡아끌며 절대로 마을 사람들 대열에서 춤을 추지 못하게 했다.

　힘든 농사일 잠시 내려놓고 일 년에 한두 번 흥에 겨워 춤을 췄을 어머니. 그런 어머니의 마음을 헤아리지도 못하고 치맛자락 질질 잡아끌며 왜 춤을 추지 못하게 했는지 지금 생각해 보면 불효자식이었다. 그때는 어린 마음에 어머니가 남들 앞에서 춤을 추는 게 몹시 창피해서 그랬다.

　오늘 밤 마을 어르신들이 흥겹게 춤을 추고 있는 모습을 보니 아버지는 어깨춤을, 어머니는 뒤뚱뒤뚱 '뒤뚱춤'을 추셨을 모습이 떠올라 마을회관이 왠지 허전하게만 느껴진다. 한평생 서로 의지하며 살아온 산골생활의 즐거운 날들을 잊지 말자는 무언의 눈빛을 주고받으며 흘러간 옛 노래를 목청껏 불러댄 봄나들이 천렵은 밤 11시가 되어서야 끝났다.

　굳은살 박힌 손들을 저마다 높이 찔러대며 춤을 추자 천장에 붙어있던 파리들도 흥에 겨워 날개를 흔들며 춤을 추던 고향마을의 봄나들이 천렵. "더 이상 안 줄텅게 내가 따라온 요 잔만 딱 받아라"는 고향 어머니들의 손을 차마 뿌리치지 못하고 한 잔 한 잔 받아 마시다 보니 결국 취해 쓰러졌다.

　회관 방에 불이 꺼지자 숨을 죽이고 있던 소쩍새가 다시 뒷산 정자나무에서 울기 시작했다.

　'소쩍소쩍' 구슬피 울어대는 소쩍새는 고향 떠난 마을 사람들을 부르며 우는 건지, 아니면 떠나간 님이 그리워 우는 건지, 고향의 봄밤은 소쩍새 소리와 함께 깊어만 가고 있었다.

시

섬진강 블루스 외 1편

최영욱

다들 미친 사내라 했다

불그죽죽 꽃물이 드는 19번 국도를
산발한 머리 늙수그레한 걸망을 짊어지고
낭창한 노래 해맑은 웃음을 흘리며
강을 거슬러 오르는 저 사내

(한때 저 사내도 치열하게 오르려했던 목표는 있었겠지
강처럼 흐르지 못하고, 무엇이 막혔던 걸까?)

오늘도 다 저문 길 위에서 거침없이
뱉어내는 저 도도(道道)한 웃음
도(道) 다 통했을 것만 같은 꽃 같은 웃음을 베어 물고
낭창낭창한 가락을 섬진강 위로 흩는다.

해거름 강위로 얹히는 노을마냥
사내의 웃음이, 노래가, 강 위로 환하다
얼굴 가득 꽃 같은 웃음 베어 물고
늙수그레한 걸망을 취모검(吹毛劒)처럼
둘러메곤 강을 거슬러 오르는 저 사내

더러는 팔자 좋은 놈이라고도 했다.

입춘

홍매 꽃잎 담아
연분홍으로 흐르는
섬진강의 이야기를 들으려
귀 세워 서면

지난겨울 얘기
봄 긷는 소리

채 걷히지 않은 지리산 능선들의 잔설처럼
지금도 종탑 아래 엎드린 자들의
소태 같은 눈물 사이로
경사각 10도의 봄 하나가
요술처럼 날고 있다

걸쳐진 남루를 소란스레
찢어내고
맨살로 부대끼는 황홀한 바람 사이로 문득

문득 푸른 하늘이 보인다

그렇구나
서린 얘기사 세월에 쟁여놓고

시조

지리산 죽로차 노래 외 1편

김필곤

너를 달이면 쌍계사의 학이 울고
천 년 전 솔바람도 어느새 불어오고
화갯골 흰 구름 같은 고운 생각도 피어난다.

푸른 대숲 이슬 받은 지리산 그 죽로차
눈 속에 번져가는 담녹색 먼 향기 따라
꽃사슴 지순한 꿈도 영을 넘고 있구나.

시

섬진강 강물 먹고

일어서거라
일어서거라
설한삼동 댓잎처럼 일어서거라

병자년 산사태에 죽은 넋이랑
피아골 전투의 전우들 넋이랑
겉보리 까스라기처럼 일어서거라

경상도 보리문둥이 바람아
전라도 호랑이 바람아
지리산 화전민들 화난 바람아

섬진강 강물 먹고
세석고원 산나물 날것으로 먹고
억새풀 울음으로 일어서거라

도시것들

노고단 원추리꽃 다 파가기 전에
산열매랑 민물고기 씨 말리기 전에
화개 칡꽃 향기로 일어서거라

바람아
바람아
섬진강 강물 먹고 일어서거라.

시조

구름 외 1편

김은림

1.
하늘 속 물웅덩이 깊이깊이 파 놓고
무명(無名) 섬 여기저기 허공에 띄운다
누더기 그 속을 알 수 없어 비상하는 물.

2.
마지막 발자국을 섬돌 아래 내려놓고
햇살은 걸음을 멈추었다 그랬다
검은 몸 천지를 움켜쥐고 쪽빛하늘 가두었다

3.
아물한 하늘 물빛
뭉실뭉실 비계덩이

비만해진 몸뚱어리 탐욕스럽게 서로 부비더니

따다 딱
내장 터지는
굉음을 쏟아낸다.

개망초

임자 없는 어느 풀밭
격정의 소나타다

햇살조명 푸른 무대
귀 먹먹한 음향 속에

한여름
절정의 개화
보는 이는 없다네

수필

한여름밤의 편지

우희정

끈질긴 생명력 앞에서

고구마줄기 김치와 된장에 풋고추 찍어 늦은 점심을 먹습니다. 입맛도 나이를 드는가 싶네요. 인스턴트식품과 빵을 즐기던 때가 있었는데 이즈음은 노모의 입맛을 닮아갑니다. 아닙니다. 풀들과의 한바탕 전쟁을 치른 뒤라 더 꿀맛인지도 모릅니다.

올 여름은 비가 잦은 만큼 풀을 뽑는 일도 정신없이 바빴지요. 뽑을 만큼 뽑았다 싶어 안도하고 돌아와 일주일 뒤에 가보면 무성히 자라있는 풀의 그 끈질긴 생명력에 두 손을 들 지경이었습니다.

지난 초여름에는 어땠는지 아셔요. 도라지 씨앗을 뿌린 뒤 근 보름의 여정에서 돌아와 풍경화에 들렀더니 이 무슨 일입니까? 새싹은 간데없고 온통 푸서리로 변하여 아연했지요.

  그나마 위로가 된 일은 작년 여름 내내 땀을 흘린 도라지가 종이접기를 한 것처럼 부풀더니 종모양의 청초한 꽃을 피운 것입니다. 흰색과 보라색이 적당히 섞인 꽃밭은 내심 뿌듯한 행복을 주었답니다. 이것도 나이 탓일까요? 장미의 화려함에 마음을 빼앗기던 시절을 지나 이제는 도라지꽃의 청순함에 끌리는 것은요.

  뜨거운 햇볕에 외발로 선 나무들은 꼼짝없이 하늘바라기를 하지만 칡은 네 발로 기어 자신의 영역을 넓히기에 여념이 없습니다. 이 또한 얼마나 끈질긴 생명력인가요. 나무를 칭칭 동여매어 숨도 못 쉬게 하는 모양이 그악스럽기조차 하네요. 조금치의 틈도 보이지 않고 줄기를 뻗는 그 기세에 나도 모르게 슬그머니 목 언저리로 손이 갑니다. 덩달아 숨쉬기가 답답해지는 느낌이 들어서지요.

  칡의 표적이 된 나무는 어느 날부터 시름시름 앓기 시작할 것입니다. 벌써 누런 잎을 떨어트리는 소나무는 생존전략에서 밀려날 모양새네요. 아직은 겨우 버티고 있는 갈참나무도 겨울이 어서 오기를 기다릴 것입니다. 야생의 모든 생명들에게 인고의 계절인 겨울이지만 이 나무에게는 몸을 조이던 억압에서 풀려나는 날이기 때문입니다. 추운 계절이 와서 칡 이파리가 힘을 잃고 시들어야 자유를 얻는 나무라니요.
 낫을 찾아듭니다. 칡덩굴과 한바탕 실랑이를 할 참입니다. 따지고 보면 칡도 살아남기 위해 그토록 치열할 테지만 나는 당나귀 금순이를 위해, 또 갈참나무의 숨통을 틔워주기 위해 이리저리 얽혀 떨어지지 않으려 안간힘을 쓰는 덩굴을 매몰차게 거두려고 합니다. 아마도 자신의 죽음이 여러 생명을 살리는 길임에 끝내 그도 순연하리라 믿습니다. 헬 수 없이 많은 수의 생물들은 서로 얽히고설켜 이렇듯 순환을 하는 게 아니겠어요.

살별들의 축제

 늦은 저녁을 먹고 산책길에 나섭니다. 어둠이 깊어야 빛이 더 찬란하듯 짙은 장막을 무대로 자연이 베푸는 불꽃 축제를 보기 위해서입니다. 한여름밤을 수놓는 환상적인 반딧불이의 비행이 축제가 아니고 뭡니까.
 오늘은 개울을 오른쪽에 끼고 서낭신이 있는 곳으로 갑니다. 죽음을 맞았지만 하늘을 향해 벌린 마른 팔을 아직도 거두지 못한 나무는 어둠 속에서 의연합니다. 짐작했던 대로 그 아래에 움직이는 별들의 축제가 한창입니다.
 참, 오랜만에 만난 황홀한 정경에 흥분을 가라앉힐 수가 없습니다. 금방 동심으로 돌아갑니다. 호박꽃초롱에다 반딧불이 몇 마리를 가두어 등불을 밝혀 꿈을 키우던 그 시절을 기억하지요?

날아다니는 불빛을 보며 소원을 빌면 이루어진다지 않아요. 글쎄요, 세상의 때가 묻을 데로 묻었으니 뜻을 이룰는지 모르겠네요.

웬만한 곳이면 흔하디흔해서 개똥벌레란 별칭까지 얻었던 그를 언제부턴가 보기 힘들게 되었습니다. 무분별한 자연파괴가 원인임은 두말할 필요가 없지요. 그처럼 한여름밤을 서정적으로 만들어주던 반딧불이를 살리려고 어느 곳에서는 먹이 서식지를 천연기념물로 지정하기도 했다는군요. 참, 아이러니한 일입니다. 지천으로 볼 수 있던 것이 이토록 보물단지가 되다니요.

이곳 풍경화 주변의 반딧불도 주인장이 홍천강의 다슬기를 잡아 개울에 넣어주는 등 공을 들인 결과입니다. 하지만 이곳도 언제까지 환경이 보존될지 모릅니다. 저수지에서 밤을 새운 낚시꾼들이 돌아간 자리에는 영락없이 쓰레기가 뒹굴고 있으니 말이에요.

어린 날의 추억이 살아가는 많은 날에 힘이 됨은 모두가 아는 사실이잖아요. 그런데 우리가 즐기던 것을 우리 손으로 망가뜨려 우리의 아이들에게 전달하지 못한대서야 어디 체면이 서겠어요.

여보세요. 거기, 당신, 내 말 맞지요.

시

서죽골 설화 외 1편

성윤자

가락으로 가는 길은 겹겹의 솔 산
고둥 같은 그 골짝은 화촌을 바라보고
아랫마을 사그점, 저 멀리 금오산
조용한 그곳에서 새들은 솔방울 파티를 하고
돌 틈 사이 퐁퐁 솟아나는 옹달샘 하나 있어
그 물을 따라서 층층이 소소한 논도라기*는
새벽길 걸어가신 아버지 일터
얼기설기 머루, 달래 익어갈 때
막걸리 이고 그길 따라 아버지를 찾아가면
산짐승 달아나는 소리에 나는 놀라 울던
초라한 그 골짝은 언제나 우리집의 밥상
세월 지난 오늘 그곳이 그리워 찾아가는 들길에서
농부님을 만났네. 말씀을 들었네.
서죽골의 설화(說話)를 나는 이제 들었네.

그 옛날 유명이 오늘 무명된
깊은 뜻의 서죽골 그 이름을…….
조선시대 선조님의 서당(書堂)터라나
선조님들 마주 앉았던 누각이 있었다나
그곳에서 우리 선조 시 읊었다나

*논도라기: 논배미를 일컫는 경상도 사투리

일하는 산천(山川)

지리산 뻗어가다
이명산 되고
한 발을 훌쩍 뛰어
금오산이 되었나?

긴 세월 가는 길에
일하는 산
물 내리고 흙을 내려
푸른 들을 만든다.

만년이 하루같이
이어진 길
청청청 소나무
사철 푸르고

오늘도 흐르는 내(川)는
정겹게 흘러흘러
산도 가고 물도 가는
이 터(基)이라.

섬진강 연가 외 1편

정영선

멎은 듯 흐르는가, 흐르는 듯 굽이도는
등 푸른 욕망 없이 요요히 흐르는 섬진강을 보라
고단한 가슴 풀어
날마다 물비늘로 혼을 닦는 순례의 길

스러질 듯 일어서는 갈대
쉰 목울음으로
고백성사 토해내면
물빛은 자분자분 야윈 혼을 얼랜다

침묵을 팔베개하고 누운
빈 나룻배
밧줄 따라 강 건너던 꿈을 당길 때에
강물은 스스로에게
살아있음인지 물음표를 던진다

생각 하나가 오그라드네

너른 도랑사구 안에 피라미 몇 마리 풀었네
말랑말랑한 물의 속살을 쫓기듯 헤집고 다니네
물은 속살 더 부풀려 피라미들을 어루만지네
미끌미끌한 피라미들은 가끔 물의 손아귀에서 뒤집혀
은빛 비늘 파닥이다가
수면 위에 찰싹 달라붙어 있는 수련 잎 아래 몸을 숨기다가
자금자금 여린 볕살이 걸어 들어오는 돌멩이 위에
반쯤 올라와 아가미를 할딱이네
나는 가만가만 물빛이 잠들 때까지 쪼그리고 앉아
골똘히 들여다보네
수면에 비친 내 얼굴을 들여다보네
생각 하나가 오그라드네

시 조

매화 외 1편

故 박정둘

남풍에 창을 열고 해를 바라 따뜻한데
야릇한 속삭임이 뜰 한켠에 송알댄다

누굴까?
귀 기울이니
매화다, 사랑에 빠진

고추잠자리

대명천지
하늘 향해
눈를 붉힌 고추잠자리

밤도 새며
울었구나
피울음을 쏟았구나

그래도
너만 부럽다
날개 펴면 하늘 닿는

시 조

탄생석 보석 이야기

김정선

1. 가넷(석류석)
정월에 소원 담아 대망을 기원한다
석류빛 너를 품고 기리는 친구 인연
권좌에 귀하게 앉아
풍미하는 한 세상.

화강암 편마암 틈을 뚫고 태어났다
걸출한 탄생 축하 깊은 뜻 지닌 가넷
귀한 生 진실 가득히
님에게로 보내리.
  - 1월 탄생석 -

2. 샤파이어
9월을 노래하는
행운의 돌 샤파이어

몸에 너를 지니면
위험을 벗어날 수 있어

초여름 행운의 너를 보고
청순한 지혜 갈무리.

하늘 푸른 빛 먹은
아름다운 어울림도

넓은 바다 푸르름도
희망의 샤파이어.

이 계절 예술로 태어나
노래하는 이 결실

- 9월 탄생석 -

3. 루비를 만지며

뜨거운 연마를 거쳐 고귀하게 태어난다
고금에 너 귀함을 모르는 이 없건만
널 끼고 환하게 웃는 행복한 눈빛 있음에

각을 잡아 다듬어 무엇을 넣어주랴
네 마음 분출하는 숨소리 알 것 같다
나도야 삶의 희열이 붉은 볼에 가득 찬다

- 7월 탄생석 -

4. 토파즈

몸속에 박힌 흠을 멋스럽게 가다듬은
네 운명 바라보니
시리도록 마음 아파

파랗게 멍이 든 세월
무엇으로 치유할까

- 11월 탄생석 -

시

백목련 필 무렵

유영애

눈발이 분분하여 이른 봄 뒤척일 때
솜털 옷길 살몃 열고 긴 숨결 고르면서
요요히,
쌀쌀한 바람 온몸으로 맞고 있다

군더더기 거부하는 텅 빈 가지 끝에
봄볕 빛나는 날이 언젠가는 오리라며
목마른
우리네 일상을
티끌처럼 흩날린다.

시

지리산 화개에서 외 1편

이희정

茶꽃이 피었습니다
나무밑 세상을 떠나
그렇게 풀어지고 싶을 때가 있었습니다
채엽된 이파리는 무쇠솥 불길에 덖어지며
뜨겁게 만나는 세상을 알고 싶었습니다

한 철의 인연이
마른 이파리로 줄어들 때는
죽비소리를 들으며 수행을 하다가
달고도 고운 인연을 버리는 것과 같았습니다

머리며 가슴이며 얼굴이
솜털로 가득한 바람소리를 냅니다
쓰리고 아리도록 혀끝에 묻어

무구한 향기를 건넵니다
지리산의 정기와 허리 굽은 노동과 손끝의 열정이
그간의 상처를 다 버립니다
형상도 없고 허공과도 같은 찻잎 한 사발
떠나면 그리울 것입니다

수련별곡

천리 물 속에 발을 담그고
불경스럽지 않는 것을 부르는 수련이여
어느 화가의 화폭에서
그리운 님이 되는 수련이여
내 화폭에 그려져 있는 우리님 의 얼굴은
눈도 멀고 귀도 멀어
나의 오감을 먹고 살지만
세상의 물귀에서
노랗거나 붉게 심성을 나타내는 꽃은
내가 보았던 그리운 서역국 그 틈새에서도
깨우쳐 울고 싶은 눈빛으로 나를 깨웠다
행여 이별을 알리는 기척이
꽃잎 지는 일이라면
부스럭거리는 소리 내지도 말고
내 마음에 님 살듯
그렁그렁 물가에 눈물만 떨구기를

시

바람의 언덕

배성근

가슴이 미어지도록 울부짖는 여인네처럼
눈물로 굳어 버린 신선대는
간신히 바람의 언덕에
마음 붙들어 맬 귀암석이 되었다

민둥산 메마른 길섶 위에
퍼질러 앉은 동백꽃은
붉은 빛으로 날밤을 새우며
한겹 두겹 기지개를 켜는데
가슴으로 피워 올린
동백의 붉은 심장은
검푸른 바탕에 터진 노을이 되고

한나절 내내 졸고 있던
도장포 선착장 당도리에
고기잡이 갈 어부는 흔적 없고
하얀 파도 꽃만 피어 올린다.

시

끝이 휘어진 기억

김남호

5월은 빛나는 낚싯바늘이었다
고래가 낚시를 피해
사막으로 들어간 날
밤새 늑골이 욱신거렸다
소주병을 낚아도 소용없을 때는
늑골로 심장을 낚았다
월척이었지만 죽어 있었다
아픔도 길이를 잴 때였다
늑대가 횡행하는 5월이었고
늑대의 울음은 부피에 가까웠다
사막에도 피는 꽃이 있었다
그들은 거기가 사막인줄 몰랐거나
자신이 꽃인 줄 모르는 것들이었다
그래서 사막의 꽃들은 지는 법을 배우지 못했다

꽃이 지지 않는 사막에서의 낚시는 지루했다
사막으로 들어간 고래는
끝내 끌려 나오지 않았다
사막만 끌려 나왔다
5월이었지만
믿는 사람은 아무도 없었다.

동시조

사인펜

이도윤

엄마의 친구께서 선물을 해주셨다
기분이 너무 좋아 하늘을 날 것 같다.
팔팔색 사인펜 친구들 꼭 갖고 싶었다.
엄마랑 아줌마랑 다정하게 그린다
예쁜 동생 현규랑 지현이도 그린다
날마다 스케치북에서 그림으로 놀고 있다.

시조

쉼표 하나

김은희

칼바람에 살을 에며 산길을 오른 끝에
마침내 열리는 산사의 천년 비의(秘意)
용마루 하늘 높이로 쉼표 하나 그려 놨네.

합장하고 머리 숙여 소원 하나 여미는데
덩그렁 제 몸을 울려 마음을 잡아챈다
아, 그래
비우라는 거
비움마저 비우라는.

시조

하동(河東) 생각

신필영

꺾어도 오래 가는 청매화 향내 같은
섬진강 물빛 접어 보내오신 햇차 한 봉
그 송림 바람소리를 가득 풀어놓습니다.

지리산이 숨겨놓은 화개동천 계곡 따라
쌍계사 풍경소리 울려놓고 흐르는 물
때로는 산의 탄식도 흐느껴 달래더니.

하늘가에 기대앉은 집들이 벌통 같아
채밀하듯 너울너울 찻잎 따는 사람들은
어둠과 뾰족함을 덮어 둥글어진 달빛 마음.

충절이 푸르게 흐르는 해협을 생각하며
벚꽃 철 아니어도 눈물자국 다 지우고
또 하나 굽이치는 강 돌아드는 19번국도.

시조

오도재에서

김용규

저어기 산 너머에 이야기가 눕던 날엔
하늘을 이고 살다 구름비단 휘감더니
산능은 초록에 겨워 놀빛 위에 살비비고

머얼리 저 산속에 나무꾼이 살던 날엔
옴팡진 골짝에서 행복의 샘을 만들면서
사알짝 산노루하고 전설 하날 지었단다

저 산엔 무늬 고운 그리움도 함께 산다
선녀의 향기가 어려 꽃구름이 휘어돌 땐
가느란 설레임 감고 산마음을 넓게 연단다

* 5백년 전 김일손, 김종직 선생이 지리산 등정을 하면서 오도재고개를 가고 오고 했던 곳인데, 지금은 쉽게 차량으로 넘을 수 있게 되었다.

시조

이른 봄, 산수유 외 1편

이처기

저공으로 내려온 산새가 당도할 무렵
여행을 마친 얼굴에 미국 하늘이 묻어있고
창에는
설렁탕 사리가
햇살에 일렁인다

신입생 명찰이 남풍에 날리더니
광대가 탄 밧줄 위로 「왕의 남자」가 떨어진다
노랗게
터지는 폭죽에
찔리고 있는
도시의 문

연 탄

산동네 하얀 눈이 소복이 쌓이던 날
내려가는 비탈길 위에 놓여진 징검다리
싸르락, 타다 남은 혼
밟고 가는 소리여

움츠린 시대의 아랫목 데워주고
스무 개 구멍 사이로 인정을 전해오는
아버지 척추 마디에
찌든 가난 데워왔다.

기억 저편에서 목풍금 소리 들려오는
아픈 가슴 꾹꾹 누르며 견뎌온 우리 모습
사랑은 아주 더 낮게
봄비 맞고 피어난다.

시조

연이의 꿈

이하영

저 베링해 유빙(遊氷) 아래 캄캄한 바다에서
동해 깊은 물살 이기고 상어떼에 쫓기며
긴 여정 쌓이고 쌓인 피로 눈물 나는 회향 본능.

금강산 적벽강으로 오대산 남대천으로
민물에 도달하면 아슬아슬 그물망이
강태공 드리운 낚싯줄 연어축제 웬 말이냐.

아흔 번도 넘게 급류의 계단 치솟아 오르고
폭포 거슬러 올라 수없이 찢기고 지친 몸
드디어 그리던 모천에서 금빛 나래를 편다.

시

수태지

강희창

기다리다 조급증 나서 안달이네
뭐이 좋다 한들 오늘만이야 하랴
두 번째 신방 치르러 외출하는 날

숨이 탁탁 막히는 파밭머리 돌아
발가락에 벼꽃 끼어드는 논길로
입에는 하얀 거품, 꼬랑지 돌리면서
회초리 없이도 알아서 가는 신방길

낄낄대는 낮달아, 식식거리는 독구야
모를끼다, 니들이 내맘 우째 알것나

뒤에 선 쥔장 메주얼굴이 붉어지면
두렁콩 따던 각끈 엄니 힐끔 히죽

냇둑에 황소놈 암소 생각난 듯 씨익

운도 좋아, 오늘은 아조 재미가 있어
신발 벗어든 애들 졸랑졸랑 따라붙는
내일은 없어도 되는 그런 날.

카페 가족회원

시

삼밭골 아리랑 외 1편

강이훈

칠십 평생을 하루에 수십 번씩
짊어지고 머리 이고
이 세상을 실어 오고 실어 가는
홀어머니의 허리가
삼밭골 오르막길보다 굽어 휘어
내 가슴이 시리구나.

입을 것 다 자식 입히고
먹일 것 변변치 못한
가난한 눈빛 하나로
여섯 혹부리 달린 청상과부의
밤은 잿빛으로 염색하기 일쑤
아리랑 아리랑 아라리요~
삼밭골 아라리가 울 엄니 아리랑이었다.

이제 여섯 혹부리 제 살길 다 찾아가고
밭고랑같이 패인 세월은
아직도 그때나 지금이나
삼밭골 아리랑으로 홀로 남아 있다

울 할배, 할매, 아배 묻힌 삼밭골에
엄니 흙으로 가기 전에
엄니 업고 어화둥둥
아리랑 아리랑 아라리요~
삼밭골 아리랑
다신 부르지 말아요
엄…니….

보리밭에 묻어둔 노래

목덜미에 쌓인 흰눈도 안쓰러운데
꼭꼭 밟아줘야 잘 큰다는
어린 보리를 밟으며 자꾸 물었지요
괜찮아요 정말 괜찮은가요
이래도 죽지 않는가요 아프지 않을까요
차마 힘껏 밟지 못하고
살금살금 밟으며
밟혀야 잘자란다는
어린 보리의 생을 가여워했지요

도리깨로 흠씬 두들겨 맞으며
그의 생이 다한다는
더 기막힌 일이
기다리고 있는 줄도 모르면서
보리처럼 밟히며
보리처럼 푸르게
나도 자랐지요

세상이 얼마나 무서운지도 모르면서

자란다는 것은 우리가 함께
꿈꾸었듯이 아름다운 것만은 아니었지요
바람에 일렁이던
보리의 푸른 머리칼 위에서
불안히 비행하던 종달새처럼
나의 생도 늘 기우뚱거렸지요

날아도 날아도
서툴기만 한 날갯짓으로
푸른 보리밭 같은 젊음이 가고
엉겅퀴 꽃같은 사랑도 가고
별이 지듯 꿈도 지고
가물가물 멀어지는 것들뿐인데
분명 나를 기다리고 있을
보리밭에 묻어 둔
그 노래만 떠오르네
다시 부를 수 없는 그 노래가
나를 부르고 있네요.

산 문

매화산 청량사 외 1편

고재두

　큰 나무나 큰 사람이 있으면 그것에 가리어 빛을 볼 수 없듯이 매화산 청량사도 해인사에 가려 누구나 쉽게 지나칠 수밖에 없다. 해인사는 누구나 쉽게 찾아가지만 여기 청량사는 알고 있는 사람이 거의 없다.
　청량사는 해인사로 들어가기 전, 홍류동 계곡을 따라 농산정 가기 전에 자그마한 푯말이 서있지만 그냥 쉽게 지나치기 마련이다. 해인사 가는 길목 좌측으로 청량사라는 푯말을 따라 좁은 길이 있는데 현재는 도로를 확장공사를 하느라고 파헤쳐 놓았다. 이 아름다운 사찰을 가기 쉽게 탄탄대로가 뚫리는 것은 반겨야 하는지 아니면 반대를 하여야 하는지 잠시 생각에 젖어들 수밖에 없다.

사찰에도 찻길이 있어야 신도가 온다고 하여 어느 사찰이고 자동차가 올라갈 수 있도록 도로를 확장하였다. 산을 깎아 도로를 내려면 무엇 하러 산에다 사찰을 짓는지 모를 일이다. 차라리 들판에다 절을 지어 신도들이 쉽게 올 수 있도록 할 일이지.

차를 타고 매연을 묻혀 절 마당에 먼지를 일으키며 부처님께 오체투지를 하여야 옳은 것인지? 아니면 산길을 누비며 땀으로 목욕재계하듯이 올라와 부처님께 오체투지를 하여야 옳은 것인지?

가파른 언덕길을 올라오느라고 앞길만 보고 올라왔는데 절 마당에 앉아 땀을 닦으며 절 주위를 바라보니 자연 경관이 너무나 아름다워 감탄사가 연발한다.

깨끗하게 단장된 청량사! 매화산에 병풍처럼 둘러싸여 따사로운 햇살을 받아 더욱 아름답게 보이는 청량사.

절 뒤에는 오래된 노송이 사찰의 운치를 더해주고 있다. 매화산 정상의 바위는 그림으로도 표현할 수 없을 정도로 조각해 놓은 것처럼 보이고 그 중턱에 청량사가 자리하고 있다.

대웅전은 전란으로 불타버리고 현재 대웅전은 근래에 지은 것이다. 대웅전에는 돌로 만든 부처님이 앉아 계신다.

대웅전 앞 삼층석탑(보물 266호)과 석등(보물 253호)이 매화산과 조화를 이루어 아름다움을 더해 주고 있다.

가파른 언덕길을 올라오면서 마음의 때를 땀으로 씻어버리고 두 손을 합장하고 부처님을 바라보니 어느 때보다 부처님의 근

엄하면서도 그윽한 미소가 친근하게 느껴진다.

  이 부처님은 보물 265호로 지정되어있으며 불신, 광배, 대좌 등 삼부작을 모두 갖춘 불상으로 균형 잡힌 당당한 신체와 조형감으로 9세기의 대표할 만한 수작으로 손꼽힌다.

  불상 대좌에 새겨진 팔부신중은 생김새가 섬세하며 아름답기로 유명하다. 삼층석탑과 석등과 매화산 배경을 카메라에 담고 내려오려니 아쉬운 마음이 들어 자꾸만 뒤를 돌아본다.

  다음에 시간이 허락이 되면 매화산과 청량사를 가슴에 안아보며 하루를 묵고 와야겠다는 마음의 다짐을 몇 번이고 해보았다.

비운의 갈운리 미륵불

 갈운리 버스정류장에서 '원사골'로 가다보면 '김새'라는 마을이 있다. 이 불상은 김새 마을 입구에 1位가 있고 다른 하나는 맞은편 마을인 '자지동'에 1位가 200m 간격으로 마주보고 있다.
 원래는 두 개의 석상이 70m 거리의 남북에 있었으나 농로 개발로 현재의 위치로 옮긴 것이라고 한다.
 가깝게 손을 잡게 옮겨 놓아도 아쉬운 일인데 어떤 연유로 멀리 떨어지게 했는지 너무나 안타까운 일이다. 견우, 직녀도 1년에 한 번 칠월칠석날이면 오작교를 건너 만난다고 하지만 이 불상은 평생을 손을 한 번 잡지 못하고 몇 백년을 간격을 두고 지내야하는 운명에 놓여 있다. 서로 먼빛으로나마 얼굴을 보아도 여한이 없으련만 그마저도 공장건물이 가로 막고 있어 안타까운 신세이다. 평생을 아쉬움으로 살게 해야 하는지?
 이 불상을 마을 주민들은 미륵님이라고 부른다. 북쪽마을에 있는 불상을 암미륵 남쪽마을에 있는 것을 숫미륵이라고 부르며 매년 5월 보름에 祭를 지낸다고 한다. 이 입석불은 성신앙(性信仰)의 대상물로 세워졌던 것을 후대에 미륵화 시킨 것이라고 생각할 수 있다.

남녀 한 쌍인 이 불상은 사람 크기의 화강석에 얼굴만 조각하였다. 불상이라기보다 장승에 가깝다. 거칠게 다듬어진 몸통은 아무런 조각 없이 한자로 글씨가 적혀있지만 마멸이 심하여 판독하기는 어렵다.

이 불상의 위치하고 있는 두 마을의 명칭을 양짓말(자지동) 음짓말(김새) 등으로 지칭하여 음양을 나타내고 있는 것으로 생각된다. 숫미륵은 머리에는 관을 쓰고 있어 남자답게 불상을 만들었지만 암미륵은 숫미륵보다 몸체가 작으며 조각된 얼굴의 선도 가늘고 길게 흘러 순박한 여성상을 나타내고 있다.

농로 개발로 인위적으로 이 두 불상을 떨어지게 만들어 놓았지만 아무런 불평 없이 마을의 입구에서 잡귀를 쫓아내고 마을의 평안을 위해 지금도 서 있다.

이들이 언제 만나 이산의 서러움을 잊고 외로울 때 서로 의지하며 가려울 때 서로 등을 긁어주며 손을 잡고 함께 있는 날이 올 수 있을지? 아쉬운 생각을 할 뿐이다.

산문

달빛어린 타지마할

김영신

　인도는 만남이요, 그리움이요, 시간을 잊게 하는 곳이다. 현재와 과거 미래가 함께 하는 나라이다. 며칠 동안 인도를 다녀 온 사람은 인도를 다 아는 것처럼 말하며, 수십 년을 살다 온 사람은 오히려 인도를 알지 못한다고 한다. 그곳에서 태어나고 죽는 인도인은 자기 나라를 다 알지 못한다고 하는데, 잠시 잠깐 아니 수유보다도 짧은 바람에 스쳐 지나가듯이 다녀 온 나그네가 인도에 대해서 말한다면 그건 만용이요, 자기 자신을 과대평가하는 행위가 아니라 무시하는 행위라고 할 수 있으리라.
　그래도 인도를 다녀오고 나서 할 말이 많은 것은 만용을 부리고 싶은 마음이 있어서인지 아니면 인도의 그 많은 유물과 거지와 인도가 선물로 준 고뿔 때문인지 아리송하다. 어수선한

델리, 그 옛날 돌장이들이 무슨 교감을 하고 어떻게 설계를 하였기에 수백 년을 한 올로 엮어 땅속을 보게 만들었는지 입을 벌리게 한 아잔타의 석굴, 육체와 육체의 온갖 형태의 결합을 통해 깨달음을 찾고자 한 카주라호 석상들, 수백 년이 지났는데도 뿌연 연무 속에서 백옥 같은 몸의 귀태를 자랑하고 있는 타지마할. 인도를 다녀온 지 시간이 제법 흘렀는데도 인도의 소년이 지닌 눈망울과 함께 모습들이 눈앞에 보인다. 그 가운데에서도 타지마할은 아직도 그 모습이 아련하다.

사진으로 만 본 타지마할이 내 눈앞에 펼쳐져 있다. 무굴의 샤자한이 왕비 뭄타즈 마할을 위하여 온 나라의 힘을 기울여 세운 '마할의 왕관' 안으로 들어가니 아그라의 매연이 하늘을 뿌옇게 물들이고 있어도 타지마할은 의연하게 그 자리에 서서 자신을 아름다움을 뽐내고 있다. 대문을 들어서면 정 중앙에 물을 담은 수로가 있고 양옆으로 일직선으로 선 나무가 물에 그 모습을 비추고 서 있고 그 끝에 있는 타지마할의 중앙돔은 수로와 푸른 나무를 신하처럼 거느리고 우윳빛 대리석을 당당하게 드러낸다. 나무 사열대를 지나 타지마할의 몸통 위를 맨발로 올라간다. 발바닥에 서늘하고 기분 좋은 촉감이 전해 온다.

300여 년 전 샤자한은 한 여인을 사랑하여 이런 아름답고 거창한 무덤을 만들었으니 그 사랑은 얼마나 숭고하고 아름다웠던가? 어느 왕은 천여 명이나 부인을 거느려도 부인을 위한 무덤 하나 없는데 얼마나 사랑을 하였기에 열 명이 넘는 자식을 두고 그 넓은 나라를 순시할 때 왕비가 임신을 하였어도 반드시 데리고 다녔을까? 한 사람의 사랑을 위하여 나라의 온 재산과 힘을 모아 만든 사랑의 작품, 이 아름다운 건물을 위하여 그 당시 백성은 얼마나 피와 땀을 흘렸을까? 스물두 해의 긴 세월 동안, 강산이 두 번이나 변하면서 백성은 얼마나 희생되었을까? 지금의 인도 백성도 잠자리가 없어 소와 돼지, 개가 한 덩어리가 되어 잠을 자곤 하는데 샤자한 시대 백성의 삶은 어떠하였으며 백성들은 이러한 아름다운 건물을 지으며 우리 왕이 참으로 깨끗하고 아름답고 멋진 사랑을 하였고, 자신들은 그 사랑을 위한 건축물을 짓고 있는 복 받은 백성으로 믿어 왕과 지금도 인도 백성들이 믿고 있는 그 수많은 신에게 그 영광을 돌렸을까?

  그 대답은 야무나 강만이 알고 있을 것이다. 탑의 한 귀퉁이에 몸을 기대고 앉아 바라본 시커멓게 흐르는 지금의 야무나 강은 오염에 시달려 그 몸을 비틀며 흐르나 그 옛날 타지마할을 달빛에 담고 흐르던 강은 춤추듯이 흘렀으리라. 왕비를 다시 만날 먼 후일을 위해 속삭임의 다리를 놓고 사랑의 보금자리를 계획하고 설계했던 왕은, 말년에 자식에게 왕위를 강제로 빼앗겨 갇힌 탑 안에서 뭄타즈 마할의 묘소를 보며, 후손은 자기를 칭송하리라는 것을 믿고 미소를 지으며 숨을 거두었을지도 모른다. 하지만 왕의 즐거움은 백성과 함께할 때 진정한 즐거움이라는 것은 깨닫지 못했을 것이다.

왕과 왕비는 햇빛이 이중으로 들어오는 건물 안 중앙 아래 안치되어 지금도 다정히 누워있다. 타지마할 안에 있었다는 온갖 보석은 대영제국이 세운 세계 제일의 장물창고(장물을 모아 놓은 곳은 창고이지 박물관은 아니지 않은가)로 가져갔는지 아니면 영국 귀족 장물아비들의 거실을 장식하고 있는지 보이지 않고 우윳빛 대리석 안에는 상감된 온갖 꽃(?)이 만발을 하고 있다.

고려의 상감기법은 우리의 창조적 기술이라고 학교 국사 시간에서 배웠는데 송나라를 거쳐 온 인도의 기술인 것은 아닌지 알 수가 없구나. 이쪽에서 보나 저쪽에서 보나 모양이 똑같은 타지마할은 달빛이 어스름하게 비추는 밤에 보면 야무나 강과 어울려 신비 그 자체라고 하던데 지금은 달이 없으니 해를 달이라고 믿을 수밖에. 경포대의 술잔에 어린 술은 사람이 주인이 되어 달을 희롱하는데 타지마할은 건물이 주인이 되고 사람은 객이 되니 정겨움은 경포대에 가서나 찾을까.

전제 군주가 백성의 피와 땀을 앗아 지은 기념물은 당대에는 원망의 대상이 되었을지 모르나 후대에는 그 백성의 자랑거리가 되고 먹을거리가 될 수도 있으니 얼마나 아이러니인가. 진시황이 지은 만리장성이 그러하고, 이집트의 피라미드가 그러하고, 루이 14세의 루브르 궁전이 그러한데 우리나라는 그러한 기념물이 없으니 왕들이 인간적이었는지 병란을 너무도 많이 겪어 다 타 버려서 그러한 것인지 짐작을 하기가 어렵다. 역사 속의 인물들이 얼마나 죽기가 싫었으면 사후에 큰 희망을 두었을까.

 달이 창 너머 밤안개를 통해 뿌옇게 보인다. 왕과 왕비의 숭고한 사랑의 상징인 타지마할 위에도 달이 빛나고 있으리라.

시

돌집 앞에서

유영렬

돌로 빚은 사람만이 돌집에서 사는가 보다
얼마나 속을 비워야 돌처럼 속이 차서
천년을 넘게 살고도 늙지 않고 피 도는가

말은 다 어디 가고 소리만 남아 시끄러워
혼탁한 이 세상을 함묵으로 응시하며
말씀을 갈고 닦는다 침묵 속에 듣는다

혹여 저 돌부처는 천 년을 생각에 잠겨
천 년 후에 어느 길손이 가만히 와서 만져보면
살포시 눈을 들겠다고 생각했을지 몰라

그렇다면 조금 전에도 밖으로 나와 노닐다가
내 오는 발자국 소리에 감실로 얼른 들어갔겠지

하지만 때묻은 손이어서 만질 수가 없었네

어쩌면 간밤에도 이웃 부처랑 모여 앉아
서라벌 옛집에서 여지껏 살아왔다고
백화점 무너지는 소리에 내 집 자랑 했겠지

산문

말 한마디 외 1편

전경홍

'어크날리지먼트(acknowledgement).'
전에는 거의 들어본 적이 없는 말일 것이다.
"그게 뭔데?" 사람들은 대부분 이렇게 말한다.
영어사전에 찾아보면 '승인'이라고 쓰여 있다. 이 승인이라는 게 무엇일까?
"칭찬하는 것 말입니까?"
"칭찬하는 것도 어크날리지먼트에 포함되지만, 그게 전부는 아닙니다. 상대의 존재를 인정하는 행위와 언어. 그 모든 것이 어크날리지먼트입니다."
"이를테면 인사를 한다거나 그들의 얘기에 귀를 기울이는 것 말입니까?"

"물론 그것도 포함이 됩니다. 거기에 상대를 인정하는 당신의 마음이 깃들어 있어야 하겠지만요."

그렇다면. 왜 승인이라는 행위가 그토록 중요한 걸까? 직장에서 상사와 부하는 물론, 자녀교육, 친구와 우정 사이에도, 승인이 본능적으로 필요한 요소라는 것쯤은 알고 있다. 그럼 왜 사람은 인정을 받으면 의욕이 나는 걸까?

"그건 당연한 것 아닌가요? 인정받으면 기쁘기 때문이죠."

그 말이 맞다.

그렇다면 왜 인정을 받으면 '기쁘다는 감정'이 인간의 몸 안에서 발생하는 것일까? 인간은 태곳적부터 협력 관계를 만들어 살아남은 종족이다. 좋든 싫든 혼자서는 살아갈 수 없는 존재다. 그렇기 때문에 사람의 생존 본능은 끊임없이 자기 자신이 협력 관계의 틀 안에 들어 있는지 아닌지, 동료는 있는지 없는지 점검하게 만든다. 자신이 협력의 틀 안에 들어 있지 않다는 것은 외톨이, 다시 말해 '죽음'을 의미 하는 것이기에 세심한 주의를 기울여 점검 한다. 그리고 그 점검에서 '예스'라는 대답이 나오면 그것이 곧 타인에게 '인정받고 있다'는 언질이다.

역시 사람은 남에게서 인정받고 싶어 한다. 당연한 얘기이지만. 그런데 결혼한 아내들은 얼마나 남편에게 칭찬을 받고 있는가?

내가 연수중에서 참가자들에게 묻는 말이다.

"세 가지 중에서 선택 해 주세요. '나는 아내를 자주 칭찬 한다. 그저 그렇다. 거의 칭찬하지 않는다.' 자, 어느 쪽인가요?"

평균을 내어 보면 '자주 칭찬한다'는 20%, '그저 그렇다' 40%, '거의 칭찬 않는다'가 40%다.

"그러고 보니 거의 하지 않는군." 하는 반성의 말이 새어나오기도 한다. 거의 하지 않는다는 사람에게 "연애 시절에는 칭찬을 자주 했지요? 특별한 일이 없어도 전화를 하고, 별것 아닌 일로도 무척 고마워하고, 선물도 자주 보내고, 그러던 것이 언제부터 달라진건가요?"라며 집요하게 물고 늘어지면 "역시 잡은 물고기에게는 말이죠"라는 뻔한 대답이 돌아온다. 거기다가 언제부터 무슨 이유인지 "마누라 자랑은 팔불출에 들어간다"는 영양가 없는 말도 있다.

한 컨설팅회사의 여자 컨설턴트의 일보다 중요한 하소연 한 마디. 그녀는 다섯 살배기 아이가 있고 아침에 보육원에 아이를 맡기고 나서 출근을 한다.

컨설턴트라는 스트레스가 많은 일에 하루 종일 매달려 있다가 저녁 5시에 퇴근해 아이를 데리러 간다. 집에 돌아가서는 아이와 남편을 위해 식사 준비를 한다. 그 후 세탁과 청소와 집안일이 계속 이어진다. 잠자리에 드는 것은 새벽 1시쯤. 매일 거의 한계점까지 애쓰고 있다. 사실 정신적으로 너무 힘들다. 좀더 생활에 여유를 가질 수 있으면 하는 바람이 간절하다. 남편을 비롯해 다른 사람의 손을 빌릴 수는 없을까? 일에 대한 부담을 줄일 수는 없을까? 등 여러 가능성을 함께 모색해 보았다. 그러나 어떤 제안을 해도 그건 이런 이유로 안 되고 저건 저런 이유로 안 된다며 외면하니, 좀처럼 결말이 나지 않았다. 나도 호응도가 떨어졌다. 그럼 어떻게 하면 좋겠냐고, 손들었다는 듯이 그녀에게 물었다.

그녀는 시선을 바닥에 떨어트리고 한참을 생각하더니 단호한 어조로 이렇게 한마디 내뱉었다.

"남편이 나한테 고마워했으면 좋겠어요."

순간 찬물을 끼얹은 듯 주위가 조용해졌다. 남성이 대부분인 참가자들 모두 눈이 휘둥그레졌다. 그 정도로 그녀의 가슴 속에서 나온 이야기 한마디가 효과가 있었던 것이다.

그 자리에 있던 '남편'들은 모두 이런 저런 생각을 했을 것이다. '그렇구나. 아내는 인정을 받고 싶어 하는구나'라고 말이다.

사람이 품게 되는 대부분의 불만은 '내가 노력하고 있는 만큼 주위 사람들이 날 소중히 여기지 않는다'는 데서 비롯된다. 부부싸움의 99%는 결국 '상대가 좀 더 나를 소중히 여겨야 한다'는 불만에서 시작된다. 부인도 남편도 똑 같은 것을 생각하고 있다. 그렇다면 상대가 그것을 자신에게 제공하기를 기다릴게 아니라, 상대가 갖고 싶어 하는 것을 먼저 주는 것은 어떨까? 연애 시절처럼 상대의 눈을 바라보며 진지하게 고마운 마음을 전달하는 것이다.

닉네임

疊疊山中, 어느 날 사이버 공간에서 카페에 입회할 때 '닉네임'란이 있어 지어 붙인 별명이다. 컴퓨터 안에서는 본명보다 닉네임을 더 선호하는 것 같아, 나도 내 스스로 별명을 지은 것이다. 그렇다고, 본명을 못 쓰라 하지도 않는 것 같다. 기분 내키는 대로 쉽게 뜯어 고칠 수가 없는 것이 본명이기는 하지만, 그렇다고 본명에 특별히 불만이 있는 것도 아니다. 단지 이 기회에 나도 별명 하나 정도는 있는 것이 좀 더 폼이 날 것 같아, 난생처음 별명을 내 스스로 지었다.

사실 별명이란, 그 사람의 성격, 용모, 행동 따위에서 특징을 꼬집어 남이 지어 부르는 이름이다. 경우에 따라서는 비하하는 뜻이 많기도 하지만 본명보다 더 다정하고 유명해질 수도 있다. 나도 어릴 적부터 이모, 고모님들이 나를 보고 "야시(여우) 왔나!" 하고 불렀다.

그래, 별명도 'D-I-Y' 시대다. 물론 사이비 공간에시다.

'첩첩산중' 외에 카페의 성격에 따라 나의 닉네임은 '개밥그릇' '다비드'도 있다. 주로 20대 동호인들이 노는 '음악', '카오디오' '마이카 애호가' 카페다.

어느 '카오디오' 카페에는 아들놈 친구도 있다. 꼬리말 난이 있어 대화도 쉽다.

"개밥그릇님 조용한 밤에 커피 마시며 들으니. 넘. 져으네요.. 잘 들었습니다.~~편안 밤 고운 꿈 마니~마니 꾸세요!!" 하고 답글이 온다. 그러면 나도 "다빈치님도 고운 꿈 디지기 꾸세유 ^ㅠㅠㅠㅠ^!!!" 하고 답한다.

그런데 사람의 호칭 중에서 본명은 부모님이나 그 위에 어르신들이 직접 짓거나, 작명소에서 짓는다. 또 별명도 남이 불러 만든다. 그러나 사이버 공간에서의 닉네임(별명·애칭)은 내 스스로 짓는다는 점으로 볼 때 별명이라기보다 화가나 작가들이 짓는 아호(雅號)의 성향이 더 큰 것 같다.

내 스스로 짓다보니 자신의 행동이나 생김새를 나타내기보다 대체적으로 태산보다도 높고 바다보다 깊은 내면의 세계를 지향하는 뜻이 담겨져 있는 것 같다.

'닮고 싶다든지' '부르기 싶고' '행동하고픈' 이런 꿈을 품은 닉네임이 되는 것이다.

이런 닉네임이 공식화 되어있는 사이버 공간에서, 며칠 전 나는 '나의 아바타'에 실핏줄이 흘렀다. 따뜻한 체온을 느끼는 신선한 충격을 받았다.

존경하는 이성이 선배님으로부터 한 통의 메일이 우송되었는데, 그 내용은 지극히 평범한 공고성의 글이었다. 그런데 글의 서두에 흔히 통용되는 닉네임 대신 'XX님'으로 시작했다. 으레 부르는 疊疊山中님 대신 본명을 그렇게 부른 것이다.

이 호칭 하나로 순간 나는 '아바타'가 아니고, 인터넷에서도 인간의 위상을 새삼 깨달았다. 결코 사이버 공간의 노예가 될 수 없고, 개인으로 분절화 되어가는 인터넷에서의 인연도 상호간의 육감적인 이웃의 정서처럼 소중히 해야 된다는 것을 깨우치게 했다.

내용 중 '마음의 빚을 못 갚아 죄송하다'라고 했는데 사실 받을 빚도 없지만 이 호칭 하나로, 설령 받을 빚이 만 가지가 있다 해도 다 탕감 해 드리고 싶을 정도로 감격스러웠다.

소목장이 제페트가 떡갈나무로 만든 '피노키오'를 푸른 머리의 '선녀'가 위기에서 구해준 것처럼 사이버 공간에서도 인간의 유대관계를 깨닫게 한 천사 같았다.

산 문

가슴 아프게 이별한 스틱에게 고함!

정연기

維歲次(유세차) 戊子년 삼월 엿새 지리산꾼 슬기난은 주인 잘못 만나 만리타향 부산에서 울고 있을 정든 스틱에게 告하노라.

등산용품 어느 것 하나 중요치 않은 것 있으랴만 등산의 기본은 걸음이라 그것을 지탱해주는 막중한 역할을 하는 너와의 뜻밖의 이별에 섭섭하고 또 섭섭함을 이루 말할 수가 있겠느냐!

내 산을 알고 지리를 알아감에 너의 중요성에 눈 떠서 너와의 만남 이전에 철(鐵)로 만들어진 무거운 스틱을 애용하였는 바 이름도 선명한 'Leki'라고 찍힌 신소재로 만들어진 가볍고 튼튼한 너를 보고 한눈에 반하여 친구가 되지 어언 수년, 이별의 인사도 못하고 헤어짐에 눈물이 앞을 가리는구나!

길 없는 험한 곳을 홀로 헤치고 다닐 때 든든한 버팀목이 되어주고 이틀 밤낮을 지리산 무박 태극종주 한답시고 걸을 때 네가 있어 그 긴 여정을 무사히 마무리힐 수가 있있지.

네가 이렇게 귀중한 줄 모르고 험하게 다루어 몸에는 생채기 투성이고 바위 사이에 빠진 네 몸에 무리한 하중을 실어 등이 휘기도 하며 못 살게 굴어 새삼 마음에 걸리는구나!

어쩌다 산에 빠져 무리하게 다니다 무릎 관절에 이상이 생겨 먼산바라기만 하고 있는 분들을 볼 때마다 새삼 너에 대한 고마움에 감사를 하곤 했지.

아깝다 스틱이여. 그날 마지막 뒤풀이 후 다시 한 번 뒤돌아 보았으면 이렇게 아픈 이별이 없었을 것을 내 불찰이 큰 탓이로다. 유한한 인생인지라 내 너와 언제까지 같이 할지 기약은 못하였지만 그래도 상처 난 네 몸을 잘 보살펴 오래오래 같이 하리라 하였으나 정든 너를 떠나보내고 내 마음이 이리도 쓰리구나.

지금까지 소식 없어 내 너를 찾아 먼 부산까지 갈 형편은 못되고 비록 낡고 닳았지만 너의 소중함을 아는 분의 눈에 띄어 새로운 사랑을 받으면 이 서운함이 조금이라도 가시겠구나.

오호 통재라, 우리의 인연이 여기까지이니 그동안 고마웠다고 다시 한 번 불러보마.

Leki 스틱아!!!

그대에게

배진권

1.

 그대, 지난겨울 무사히 보냈지요?

 모진 시간, 그 음습한 겨울을 밀치고 만물이 떨쳐 일어나는 봄, 미워할 수 없는 계절이 가슴을 파고듭니다.

 겨울을 아프게 보낸 시간들이 스스로 깨치는 법을 아는, 독기 빠진 바람이 골목길을 어지럽히고 아슴슴한 하늘이 나른하게 하는 4월입니다.

 사방 꽃 다투어 피어나 현기증이 일어날 지경입니다. 애써 지워지지 않는 얼굴 꽃 속에서 환하게 웃고 있습니다.

 그대, 그대는 왜 지워지지 않고 시시때때로 꽃처럼 피어나는지요?

가슴 일렁이게 강산에 꽃불은 지펴지고, 그대와의 추억은 이즈음에 가벼운 신열이 일곤 합니다. 그대는 내게 소식도 없지만 나는 오늘도 그대에게 답장 없는 사연을 전합니다.

그대, 왜 항상 멀리 달아나기만 했었나요?

겨우내 사랑의 갈증에 허덕이던 내 가슴에 불지르는 남녘의 꽃소식에 덜컥 봄을 앓게 하는 일이 이번 봄이라고 예외일 수는 없었습니다.

며칠 전 남녘으로 꽃구경 다녀왔습니다. 꽃소식에 근질거리는 것을 주체할 수 없기도 했지만, 그대와 함께한 지난날들의 봄날, 지금 그대가 없는 내겐 아픔으로 다가와 길을 나서지 않을 수 없었습니다.

아직 푸른 옷을 입지 않은 산이며 들이지만 꽃들은 감정을 억제하기 힘들었는지 마구마구 피어나 많은 사람들의 옷자락을 붙잡아 애교부리고 있었습니다. 땅의 속살거림에 늦잠 잘 수 없는 들풀들의 수런거림, 부드러운 바람은 이 세상 모든 것을 만지며 다녔는데 가슴 밑바닥에 놓아둔 사랑의 감정까지 건드려 문득 그대가 꽃 바람 속에 아른거렸습니다.

환한 꽃길, 생살 뚫고 돋아나는 연초록의 눈부심과 아득하리만치 아름다운 꽃들의 향연에 잠시나마 그대 보고픔이 희석되고 그렇게 내 마음 위로할 수 있었습니다.

그렇게 눈부신 꽃물결 몸에 지니고 지친 밤길 달려온 새벽의 서울, 호위하듯 쏟아지던 별들도 서둘러 발길을 거두고 요람으로 갔는지 서녘 하늘엔 하현달만 호젓이 빛나고 있었습니다.

봄과 꽃에 취해 귀경(歸京)하는 길을 남녘의 꽃들도 따라와 서울에 봄을 뿌리내리고 있었습니다.

어느덧 4월, 이제는 도심도 남녘에 꽃잎 날린다는 소식 따라 거부할 수 없는 몸짓으로 봄이 폭발하고 있습니다.

늘 환한 봄꽃처럼 웃던 그대, 움츠러들지 말고 밖으로 나오십시오. 참으로 이 봄, 싱그럽고 예쁩니다.

지난날의 어두운 계절, 겨울의 상처 떨쳐 버리고 분연히 기지개 켜는 봄의 무리에 우리도 동참하면 안 될까요?

시린 사랑 잊어버리자고, 잊어야 한다며 하얗게 지샌 불면의 시간들…. 그러나 끝내 다시 그리워할 수밖에 없는 그대와의 사랑을 향해 찬란한 봄, 나는 또다시 그 열병을 앓고 싶습니다.

그대, 어찌 사랑해야만 진정 사랑했다고 할 수 있을는지, 내 몸에 흐르는 피 식기 전까지 사랑할 그대를 계절이 바뀌기 전, 이 대책 없는 시절에 우리의 뜨거운 사랑 꽃그늘 아래 감미롭던 그 입맞춤과 함께 가슴 설렘으로 꽃멀미 하지 않으려는지요!

그대…, 꽃피어 서럽고, 꽃 지면 더욱 서글퍼 아름다운 봄, 꽃 아래 그대 서서 다시 환하게 웃어 줄 테지요? 그대 그리워 눈물 나면 또 사연 드리지요.

그러면 안녕.

2.

그대, 하늘은 높고 푸릅니다. 가을 햇살이 눈을 아프게 합니다. 타오르던 나뭇잎들 길가에 뒹굴고 들판은 이미 비었습니다.

소풍을 나선 바람이 뒤채일 때마다 한기를 느낀 설익은 나무들, 잎사귀 부르르 떨궈냅니다. 이제 가을은 아주 깊었습니다.

그리고 입동(立冬)도 지났습니다.

제 몫을 다한 계절의 뒷모습이 아름답고 농후한 가을 햇살 아래 오랜 세월을 지켜 온 고궁의 단청이 무척이나 곱습니다.

문득 그대의 고운 살결이 생각났습니다.

매번 밟히는 그대 얼굴입니다. 그대와 함께 거닐던 고궁에 저절로 발길이 닿습니다.

낮은 울타리 너머로 찬란했던 시절과 아픈 역사를 보면서 천천히 궁 안으로 발길을 돌립니다. 궁 안 가득 농후한 가을의 정취를 느낍니다. 벌써 버석거리는 낙엽들이 바람에 구석으로 몰려 옹송거리는 모습이 정겹습니다.

굴곡진 세월의 궁궐과 여느 사람들의 보편적인 삶, 그리고 나의 삶이 뭐 다를까요?

사람이 산다는 게 다 웃고 울며, 험한 산길도 걷는 그런 것이겠지요.

창덕궁의 역사를 들여다보니 참으로 많은 전화(戰火)와 일반

화재로 짓고 또 짓고 하여 600여 년의 세월을 지켜 왔더군요.

환희와 고난과 치욕, 그리고 암투가 얽혀 지나온 세월의 뒤안길들을 짧은 시간에 모두 읽어내기는 힘들었지만, 그 영욕의 세월이 우리네 삶과 별반 다르지 않을 거라는 생각을 했습니다.

사람이 태어나 죽기까지 많은 일들이 있는 것처럼, 역사라는 수레바퀴도 튼튼한 울타리에 갇혀 있었지만 마찬가지로 반목하고 시기하며 한 왕조를 이루었더군요.

우리 사랑 또한 이러하지 않았던가요? 사랑하고 미워하고 뒤돌아보면 미련의 날들…. 수많은 시행착오를 겪으며 큰 결실을 이루는 사랑. 꼭 그런 일들을 겪어야만 두터워지는 삶과 그리고 역사. 많은 굴곡의 세월이 햇살 들지 않는 곳엔 푸른 이끼로 흐르더이다.

그간 사연 보내지 못했습니다. 나도 깊어가는 가을과 함께 많이 앓았습니다. 그대 향한 사랑의 정체성 혹은 그간의 집착에 그대를 힘들게 하지는 않았었는지요?

사랑한다 해 놓고, 그대를 힘들게 하지 않겠다 해놓곤 그리움과 목마름으로 보낸 지난 시간을 어떻게 설명해야할지 모르겠습니다. 놓아주어야 하는데, 더 이상 아프게 하면 안 되겠다 하면서도 내 마음 쉽게 접지 못했으니 말입니다. 갈등만 낙엽처럼 켜켜이 쌓인 시간이었습니다.

그대, 우리가 사랑이라는 이름으로 보낸 날들, 아름답기는 했었던가요?

  사랑에 대한 혐오를 다시 불식(拂拭)시켜 주고 가슴에 사랑의 불씨 다시 일으켜 준 그대. 난 그대를 가슴에서 도저히 지워낼 수 없음을 압니다.

  그러한 어정쩡한 날들로 그대에게 자주 마음길 내키지 못했습니다.

  그런데 지금 깊고 그윽한 가을의 정취에 싸인 고궁의 정경과 흩날리는 낙엽의 사연들이 다시 그대에게 가고자 내 몸의 세포들을 부추기는 것 같습니다.

  우리의 성(城)은 복원 될 수 있기나 하는 건가요?

  함께 거닐었던 고궁 한 모퉁이에서 그대에게 편지를 씁니다.

  그대의 가을은 지금 얼마만큼 비어가는지요?

산 문

악양고을의 기억

여 태 영

　지금 순박한 사람들은 자기네들의 보금자리로 돌아가고 하늘에 하나 둘 별들이 얼굴을 내미는 저녁시간입니다. 정다운 남녘 논밭에서 소곤소곤 보리싹들의 이야기소리가 바람결에 들려와서 귓가에 머물고 있습니다.
　별빛에 미소 짓는 매화꽃 향기가 굽이굽이에 가득 차서 자신이 행복한 사람이라고 생각하는 그는, 세상에 한 사람뿐인 샬엘이라는 이름의 아내와 호수아와 아론이라는 아들들과 함께 풀벌레의 노래와 합창하며 흘러가고 있습니다. 그가 태어날 때부터 메뚜기 잡고 산나물 뜯으며 자란 시절을 가만히 지켜본 어머니의 품속 같은 그곳을, 마치 어린아이 마냥 막차도 사라진 그 시골길을 서로의 손을 붙잡고 사슴마냥 산토끼마냥 그렇게 넷은 하나가 되고 하나는 넷이 되어 가고 있습니다.

점점 어두워진 하늘에서는 은가루 금가루가 뿌려지고 있습니다. 북에서 남으로 흐르는 은빛 시냇물이 은하수를 만들 때 우리는 그 시냇가에서 물장구를 치며 고무신으로 통통배를 만들어서 우리의 사랑을, 우리들의 기쁨을 담아보냈습니다.

피곤한 몸을 안식에 내어준 산허리 위에 형제봉이 있습니다. 정다운 형제바위 위에 낮잠을 너무 자서 저녁에 기지개를 켠 달님이 눈곱을 떼면 산허리 따라 달려 내려가 고소성을 만나기도 했지요. 한참을 동정호를 내려다본 눈길은 산기슭에 머물러 평사리를 지나서 토지에 잠기고, 얼룩배기 황소를 만나기도 했습니다.

누구의 마음일까!

옥빛일까! 비취빛일까! 푸른 물 뚝뚝 떨어지는 가을하늘 빛일까! 님을 향한 그리움에 눈시울이 촉촉한데 감사함일까!

그렇게 맑고 순결한 섬진강은 흘러 그의 가슴에 휘돌고 강물 따라 흘러가다 만나는 모래사장은 너무도 곱고 하얀 얼굴 때문에 백사장이라 불리고, 그 위에 한 조각 구름이라도 머무는 날에는…. 그는 그 모든 것을 마음에 간직하고 있습니다.

강가에 아름드리 소나무가 있어서 송림이라 불리고 그의 아들들이 아주 어렸던 어느 날 송림곁 물가에서 모래집 짓고 재첩조개잡고 뒤뚱 뒤뚱 달음질하던 그날을, 상당한 길을 마치 구름 위를 노닐듯 걸어온 그들은 마침내 그의 옛집에 도착했습니다. 그들은 푸른 학이 알을 품은 것 같다는 청학골을 곁에 두고 취나물 내음이 가득한 옛집에서 은하수를 따라 흘러가는 별똥별을 헤아립니다. 그의 미소가 가을날 잘 익어서 벌어진 밤송이 같다고 하시던 하늘나라에 계신 육신의 아버지를 마음에 새기며 크신 님이 주신 안식에 잠겨봅니다.

그는 오래전에 매화꽃이 피어서 아름다운 그곳에서 소중함을 만들었습니다.

덕불고필유인(德不孤必有隣)

박태영

덕이 있는 자 외롭지 않고 따르는 이웃이 있다
가장 훌륭한 어머니는
자식 앞에 눈물을 보이지 않은 어머니

가장 훌륭한 아버지는
남 몰래 눈물을 흘릴 줄 아는 아버지

가장 훌륭한 부인은
시부모님께 까닭없이 혼이 나도 남편 앞에 미소짓는 부인

가장 훌륭한 남편은
부인의 눈물을 닦아주는 남편

가장 현명한 사람은

늘 배우려고 노력하며 놀 때는 세상 모든 것을 잊고 놀며
일할 때는 오로지 일에만 전념하는 사람이다

가장 훌륭한 정치가는
떠나야 할 때가 되었다고 생각이 되면 하던 일 후배에게
맡기고 미련없이 떠나는 사람이며

가장 겸손한 사람은
자신이 처한 현실에 대하여 감사하는 사람이다

가장 넉넉한 사람은
자기한테 주어진 몫에 대하여 불평불만이 없는 사람이고

가장 강한 사람은
타오르는 욕망을 스스로 자제할 수 있는 사람이며,

가장 칭찬받는 사람은
침묵과 대범함을 적시에 잘 활용할 줄 알면서
합리적인 사고를 가진 사람이다

가장 존경 받는 부자는
적시적소에 돈을 쓸 줄 아는 사람이고,

가장 건강한 사람은

늘 웃는 사람이며

가장 인간성이 좋은 사람은
남에게 피해를 주지않고 살아가는 사람이다.

가장 좋은 스승은
제자에게 자신이 가진 지식을 아낌없이 주는 사람이고,

가장 훌륭한 자식은
부모님의 마음을 상하지 않게 하는 사람이며,

가장 피폐한 사람은
자랑만을 일삼고 자신을 내세우려고만 하는 사람이다.

가장 좋은 인격은
자기 자신을 알고 겸손하게 처신하는 사람이고

가장 부지런한 사람은
늘 땀을 흘리는 사람이며

가장 훌륭한 삶을 산 사람은
살아있을 때보다 죽었을 때 이름이 빛나는 사람이다. (펌)

산문

첫 손녀를 기다리며

소피아

"어머니 에밀리 초음파 사진 좀 보셔요."
만삭인 며늘아기에게서 E-mail을 보내왔다.
사진을 보니 참으로 코가 오똑하고 오므린 입은 어쩌나 귀여운지….
나도 이제 할머니가 된다.
늦은 밤 잠은 오지 않고 룸메이트와 둘이서 태어날 아가에 대해 얘기하면 저절로 우습고 귀엽고 신기하다. 룸메이트는 손녀딸이 태어나면 자신의 장난감이라 하며 아주 즐거워 입이 귀에 걸려있다.
중학교 입학 합격통지서를 받고 맨처음 책방으로 달려가서 에밀리 브론테의 『폭풍의 언덕』을 사서 밤새도록 마음 졸이며 읽었던 기억이 난다.

그때 감동을 받은 그 책을 쓴 에밀리 브론테의 이름이 너무나 강렬하게 내 마음에 와닿아 이다음에 내가 결혼해서 여자아이를 가진다면 이름을 에밀리라 이름 짓고 힌들리의 구박을 받는 히스클리브가 너무나 불쌍해 아들을 낳으면 히스클리브라 부르리라 꿈꾸었던 적이 있다. 한때는 까만 수도복의 수녀가 그리 멋있어 보일 수가 없어 내 단짝친구를 꼬여 수도원에서 하루 개방하여 수도에 관심있는 자에게 수도원 내부를 보여주는 성소자모임에도 가보았으며 아들을 낳으면 하얀 로만칼라가 돋보이는 가톨릭 사제 하나는 꼭 만들고 말리라 마음먹은 때도 있었다.

팔자에 수도자는 아니 되고 결혼해 아들만 둘이 점지 되었는지 그리 내리 아들만 둘 낳고 단산해버렸다.

그런데 기쁘게도 며느리가 여아를 잉태했으니 어찌 기쁘지 않을 것이며 내 꿈을 실현시켜 주는 가슴 벅찬 일생일대의 사건이 아닐 수 없다.

2월초가 분만예정일이지만 아기가 건강해서 표준보다 무게가 더 나간다니 의사의 소견에 따라 필요하면 제왕절개 수술을 할 모양이다.

미리 미국식 이름을 Emilie라 지었고 한국 이름은 아가의 엄마인 며느리의 끝이름자 '예쁠 경' 자와 아빠인 아들이름의 끝자인 '으뜸 원' 자가 남성적인 의미지라 음은 같으나 뜻만 다른 '예쁠 원' 자로 바꾸어 '경원'으로 지어주었다.

  엄마 아빠의 사랑의 결실이니 그리 이름지어 주니 며느리도 아주 흡족해했다.

  한가한 시간이면 문득문득 태어날 아가에 대해 끝없는 상념에 빠지곤 한다. 내 피가 흐르는 나의 2세. 충분히 긴장되고 기다려지고 흥분되는 일이 아닐는지. 엄마 아빠의 키가 크니 분명히 키도 클 것이다.

  성격은 어떨까. 그것도 엄마 아빠가 수더분하니 거의 그럴 가능성이 많지만 알 수 없다.

  가정교육과 학교교육이 잘 병행할 때 가능한 일이라 며느리에게 작아도 하늘의 뜻에 의해 우리에게 왔으므로 내 것이라 생각 말고 늘 인격을 존중해주고 하찮은 말이라도 경청해주라는 당부를 했다.

  저희 부부는 태어날 아가에 관한한 모든 준비완료 상태인 모양이다.

  나와 룸메이트와의 요즘 대화는 온통 태어날 아가에 대한 얘기뿐이다.

  미국땅에 태어났으니 아무리 한국적인 의식을 심어주려 노력해도 미국적인 사고를 할 것이고 또 그리 교육을 받는다.

  유치원을 다니며 겨우 말을 익힐 시기에 'What,s up' 하고 조그만 것이 할머니 할아버지에게 어깨를 으쓱하며 인사를 하면…(좀 시건방진 Motion) 하더니 룸메이트 혼자 상상만 해도 즐거운지 껄껄껄.

이 할머니 할아버지가 아가에게 바라는 것이 있다.

아가는 어느 별에서 오는 것일까?
아마도 밤하늘에서 가장 작으면서도 가장 빛나는 귀여운 별이 내게로 오는 것일거다.

머리는 냉철하고 마음은 따뜻하고 무슨 일이든 일을 할 때는 열정적으로 해야겠지만 자신의 하는 일이 너무 뛰어나 주변에 필요 이상의 지나친 관심을 불러일으키는 사람보다는 여러 사람이 함께 어울려 아름다운 선율을 선사하는 Orchestra 단원의 한 일원 같이 어디에서나 꼭 필요한 사람이었으면 좋겠다. 이왕이면 하나쯤은 나 닮은 데가 있어서 첼로나 기타의 G현을 좋아했으면 더욱 좋겠다.

안개초는 자그맣고 앙증스럽지만 혼자서는 외롭고 초라하다. 하지만 여러 송이가 모여 어느 꽃이든 받쳐주어 더 빛나게 해주는 역할을 한다.

그리하다 어느 날 서투른 세상살이에 혼자 외로울 때가 오면 자그마한 손가방 하나 들고 그러나 한두 권의 책은 필수로 넣어 거리낌없이 발길 닿는 대로 여행을 떠났다가 돌아올 때쯤이면 인생을 더 깊이 관조하고 푸르디푸른 하늘 가득 담은 눈으로 돌아와 별것 아닌 세상살이 맘먹기에 달렸다고 자신하며 유머와 위트를 잃지 않고 친절로 주변을 훈훈하게 해 주는 그런 사람이면 좋겠다.

우리 에밀리의 키가 할머니 할아버지보다 더 자라고 이 할머니 할아버지가 건강하게 살아있어서 어느 날 남자친구가 생겼다고 소개시켜 주면 나는 붉은 장미색깔의 차양이 알맞게 드리워진 카페나 Restaurant에 데려가 에밀리의 눈에 콩깍지가 씌운 남자친구가 그저 그렇게 생겼는데도 미주알고주알 예쁘다고 내게 말해줄 때 늙은 우리 부부 합죽한 입으로 참으로 그 말이 맞다며 맞장구쳐주고 베이지색 리본을 맨 예쁜 샴페인잔을 들어 축하해주고 싶다.

그리 거창한 꿈도 아닌 것 같은데…. 만약에 하늘이 우리 부부 생명을 좀 더 허락하신다면 꼭 이 일만은 해보았으면 싶다.
"꿈을 오랫동안 간직한 사람은 마침내 그 꿈을 이룬다."
앙드레 말로의 말에 희망을 걸어본다.

시

10월의 기도

문병권

향기로운 사람으로 살게 하소서.
좋은 말과 행동으로
본보기가 되는
사람 냄새가 나는 향기를
지니게 하소서.

타인에게 마음의 짐이 되는 말로
상처를 주지 않게 하소서.

상처를 받았다기보다
상처를 주지는 않았나
먼저 생각하게 하소서

늘 변함없는 사람으로 살게 하소서.
살아가며 고통이 따르지만

변함없는 마음으로
한결같은 사람으로
믿음을 줄 수 있는 사람으로
살아가게 하소서.

나보다 남을 먼저 생각하게 하시고
마음에 욕심을 품으며
살게 하지마시고
비워두는 마음 문을 활짝 열게 하시고
남의 말을 끝까지 경청하게 하소서.

무슨 일이든
감사하는 마음으로 살게 하소서.

아픔이 따르는 삶이라도
그 안에 좋은 것만 생각하게 하시고
건강 주시어
나보다 남을 돌볼 수 있는 능력을 주소서

10월에는 많은 사람을
사랑하며 살게 하소서.

더욱 넓은 마음으로 서로 도와 가며 살게 하시고
조금 넉넉한 인심으로
주위를 돌아볼 수 있는 여유있는 마음주소서.

수록필자

이름	닉네임	회원정보
강희창	때까치	
강이훈	강포구	'하동사람들' 카페운영자
고재두	개운산	석불문화답사가
김경자	지월	재미시인
김남호	김남호	시인, 교사
김도수	김도수	시인, 수필가
김연주	圓庭	시조시인
김영신	화심	교장 역임
김용규	김용규	시조시인
김은림	소리	시조시인
김은희	윤서	시조시인, 茶人
김의현	메꽃	시조시인, 논술강사
김인호	하동포구	시인, 사진작가
김정선	라일락	시조시인, 석불회원
김창현	김현거사	수필가
김초순	자운영	산행가
김필곤	달빛초당	시조시인, 茶人
나종영	섬달천	시인
문병권	선초	재미 한의사
박남식	나비	시조시인, 茶人
故박정둘	그림자	시조시인, 전직교사
박태영	happyman	재미수필가
배성근	청암	시인
배진권	풍경소리	
서석조	칠암	시조시인, 시몽회장
서재환	농부	수필가, 텃밭도서관장
성윤자	만학	시인

소피아	hee2	재미교포
손채은	손채은	시인
송철수	송사리	하동인터넷신문 기자
신경숙	질경이	
신필영	선우	시조시인
엄윤남	요르난	시조시인
여태영	쉴만한 물가	산행가
오영희	섬호정	시조시인
오해봉	오해봉	산행가
우희정	폴라리스	수필가, 도서출판 소소리 대표
유영렬	질갱이	석불문화답사가
유영애	유영애	시조시인, 수필가
이갑완	울타리	예띠시낭송회 회원
이도윤	우동두그릇	학생
이처기	이처기	시조시인
이하영	이하영	시조시인
이희정	마라	시인
장 선	장선	수필가
전경홍	첩첩산중	여행가
정연기	슬기난	산행가
정영선	정영선	시인
정용국	수경	시조시인
정재복	대풍어른	대금연주가
정종훈	달새	숲해설가, 사진작가
조 훈	조훈생각	산행가, 공무원
최영욱	부천리	시인, 토지문학관장
최오균	찰라	여행가

편집후기

대지를 살리는 강물처럼

10년, 지나온 시간의 여정을 돌아봅니다. 그때 무엇을 하고 있었는지 기억도 가물한 시간. 혹독한 늦추위 때문에 쉽게 오지 않을 것 같은 봄이 오고 그럼에도 불구하고 한 생들을 꾸려가야 하는 봄꽃들이 화들짝 놀라 앞다퉈 피고질만한 때 미국에 체류하시던 오영희 선생님께서 귀국하셨습니다.

그저 그러하게 살던 제게 가끔 번개를 때리는 것 같이, 그렇게 인생을 나른하게 보내면 안 된다는 것을 늘상 몸소 보여주시는 선생님께서 카페 하동송림 문집을 발간하시겠다고, 문집을 내실 원을 세우고 그리운 고국에 오고 싶은 비행기 값을 아꼈다고, 편집을 부탁하신다는 그 말씀을 들었을 때는 그 어느 때보다 놀라웠습니다.

물에서 진화한 탓일까요? 굳은 마음을 풀어놓을 때마다 키 작은 물풀들이 사는 섬진강으로 달려가면 강은 모든 일의 근원을 알게 했습니다. 오랫동안 가만히 내려다보는 강물이 흘러가는 만큼 마음도 흘려보내고 나면 다시 평정심을 찾을 수 있었던 그 인연만으로 카페 회원이 되었고 운영자가 되었습니다.

지난 10여 년간의 카페 회원들의 글을 뒤적이는 때는 월드컵이 열리는 한창이었습니다. 세계인의 이목이 집중된다는 그 시간, 저는 모니터를 따라 흐르는 강을 따라 가며 그 안에서 함께 흐르는 회원들의 글에 묻혀 살았습니다. 처음 만난 하동송림, 글로만 뵙던 섬호정 오영희 선생님을 처음 뵙던 날, 시를 쓰거라 다독이던 그날들을 다시 만났습니다.

맑은 고향을 지키며 삶을 꾸려가시듯 카페를 둥글게 모아주시던 가족 회원들의 이야기, 영혼의 생명을 일깨워 주시는 작가회원들, 그리고 또 어느새 작가가 된 회원들과, 우리나라 곳곳과 세계 여러 나라를 보여주던 여행가들, 우리나라에 있는 산이며 들을 눈에 환하게 짚어주시던 등산가들, 해외에서 고국을 그리며 한밤중 백사장을 사박사박 걷는 회원님들 어느 한 가족의 글도 빼지 않고 모두 올리고 싶었습니다. 그러나 눈 어둡고 무딘 손끝이라 다 부르지 못하고, 미처 찾아내지 못한 글도 많이 있습니다. 또한 한계가 있는 지면인지라 아프게 내려놓은 글도 있으니 행여 서운한 회원들께는 마음을 다해 절 올립니다.

지나간 10년처럼, 앞으로도 생명을 흐르게 하는 섬진강 그 맑은 물처럼, 대지를 살리는 강물처럼 우리 카페 가족들 모두 잘박잘박, 찰랑찰랑, 철벅철벅 치열하게 삶의 강을 걸어가시길 바랍니다.

편집위원(김의현)

다음카페 **하동송림**

10주년 기념문집 / 2010

1판 1쇄 인쇄/ 2010년 7월 15일
1판 1쇄 발행/ 2010년 7월 20일

지은이 / 오영희 외
펴낸이 / 우희정
펴낸곳 / 도서출판 소소리

등록 / 제300-2007-21호
주소 110-521 서울 종로구 명륜동 1가 33-90
　　　경주이씨 중앙회빌딩 302-1호
전화 / 765-5663, 766-5663(Fax)
e-mail: sosori39@hanmail.net
www.sosori.net
　　　　　　　　　값 10,000 원

*잘못된 책은 바꿔드립니다.

ISBN 978-89-92856-83-6　　03810